职业教育汽车类专业一体化系列教材

汽车车身电控系统检测与维修

主　编　殷振波　黄诗秋　王　莹
副主编　杨秋凤　张显芳　张甲瑞
参　编　梁洪丹　周韦健　卜乔生
　　　　张敬清　汤粤文

机械工业出版社

本书根据当前汽车主流车身电控系统技术配置，重点选择了电源管理系统、自适应前照灯系统、感应式自动刮水器系统、车辆进入系统、防盗报警系统、驻车辅助系统、安全气囊系统、巡航控制系统、音响系统、车载网络系统进行工作原理、结构和维修方法的介绍。

本书以雪佛兰科鲁兹汽车为载体，主要内容包括电源管理系统检测与维修、自适应前照灯系统检测与维修、感应式自动刮水器系统检测与维修、车辆进入系统检测与维修、防盗报警系统检测与维修、驻车辅助系统检测与维修、安全气囊系统检测与维修、巡航控制系统检测与维修、音响系统检测与维修、车载网络系统检测与维修。

本书可作为职业院校、技工学校汽车相关专业的教材，也可作为汽车相关行业岗位培训的教材或自学用书。

图书在版编目（CIP）数据

汽车车身电控系统检测与维修/殷振波，黄诗秋，王莹主编. —北京：机械工业出版社，2020.6（2023.1 重印）

职业教育汽车类专业一体化系列教材

ISBN 978-7-111-65037-9

Ⅰ. ①汽⋯　Ⅱ. ①殷⋯②黄⋯③王⋯　Ⅲ. ①汽车－车体－电子系统－控制系统－检修－职业教育－教材　Ⅳ. ①U472.41

中国版本图书馆 CIP 数据核字（2020）第 041614 号

机械工业出版社（北京市百万庄大街 22 号　邮政编码 100037）

策划编辑：于志伟　责任编辑：于志伟

责任校对：陈　越　封面设计：鞠　杨

责任印制：张　博

北京建宏印刷有限公司印刷

2023 年 1 月第 1 版第 3 次印刷

184mm×260mm・12.75 印张・329 千字

标准书号：ISBN 978-7-111-65037-9

定价：45.00 元

电话服务　　　　　　　　网络服务

客服电话：010-88361066　　机　工　官　网：www.cmpbook.com

　　　　　010-88379833　　机　工　官　博：weibo.com/cmp1952

　　　　　010-68326294　　金　书　网：www.golden-book.com

封底无防伪标均为盗版　机工教育服务网：www.cmpedu.com

前言

随着人民生活水平的日益提高，我国汽车的保有量逐年攀升，汽车已成为现代家庭的必需品。伴随着电子技术的快速发展，越来越多的汽车电子装置被应用于汽车中，汽车电气系统变得越来越智能。

为了满足职业院校汽车类专业的教学需要，突出汽车职业教育特色，促进汽车技能型人才培养，结合以车身控制模块为核心的电控系统在汽车上的应用情况，特编写了本书，以供广大从业人员和职业院校汽车类专业学生学习使用。本书在编写中力求体现以下特色：

1. 以学生为主体，以培养专业能力、方法能力和工作能力为主线，充分吸收德国教学法经验，按照行动导向教学模式"资讯—计划—方案—实施—控制—评价"编写教学内容，并特配套工作页，以辅助教学。

2. 以国家职业标准为基本依据，从生产实践出发，摒弃繁、难、旧的理论内容，选取当前职业院校普遍采用的教学设备—雪佛兰科鲁兹汽车作为载体，突出电路分析能力与检修计划制订能力的培养。

3. 以企业需求为依据，以就业为导向，以培养高素质技能型人才为根本任务，突出新技术、新工艺、新方法，使学生更好地掌握汽车电控技术检修的基本方法。

本书由广西机电技师学院汽车工程系殷振波、黄诗秋和王莹任主编，杨秋凤、张显芳、张甲瑞任副主编，梁洪丹、周韦健、卜乔生、张敬清、汤粤文参与了编写工作。

由于编者水平有限，书中难免存在缺点和不足之处，恳请广大读者批评指正！

编　者

目 录

前 言

任务一　电源管理系统检测与维修 ………………………………………… 1
　　学习目标 …………………………………………………………………… 1
　　任务描述 …………………………………………………………………… 1
　　知识准备 …………………………………………………………………… 1
　　　一、电源管理系统的功能 ………………………………………………… 1
　　　二、电源管理系统的结构 ………………………………………………… 1
　　　三、蓄电池电流传感器电路分析 ………………………………………… 2
　　　四、蓄电池电流传感器电路故障分析 …………………………………… 3
　　制订计划 …………………………………………………………………… 3
　　任务实施 …………………………………………………………………… 3
　　　一、安装车辆防护装置 …………………………………………………… 3
　　　二、蓄电池电流传感器电路检测 ………………………………………… 4
　　　三、故障维修 ……………………………………………………………… 5
　　检查控制 …………………………………………………………………… 5
　　知识拓展 …………………………………………………………………… 5
　　检查评议 …………………………………………………………………… 6

任务二　自适应前照灯系统检测与维修 …………………………………… 8
　　学习目标 …………………………………………………………………… 8
　　任务描述 …………………………………………………………………… 8
　　知识准备 …………………………………………………………………… 8
　　　一、AFS 的功能 …………………………………………………………… 8
　　　二、AFS 的结构 …………………………………………………………… 10
　　　三、雪佛兰科鲁兹汽车自适应前照灯电路的基本组成 ………………… 11
　　　四、雪佛兰科鲁兹汽车前照灯自动控制电路分析 ……………………… 11
　　制订计划 …………………………………………………………………… 14
　　　一、环境光照度/日照传感器电路检修计划 …………………………… 14
　　　二、前照灯工作电路检修计划 …………………………………………… 14
　　任务实施 …………………………………………………………………… 15
　　　一、安装车辆防护装置 …………………………………………………… 15

目 录

二、自适应前照灯系统检测 ··· 16
三、故障维修 ·· 20
检查控制 ·· 20
知识拓展 ·· 21
一、前照灯清洗装置的结构 ·· 21
二、前照灯清洗装置在汽车上的典型安装位置 ···································· 21
检查评议 ·· 21

任务三 感应式自动刮水器系统检测与维修 ······································· 23

学习目标 ·· 23
任务描述 ·· 23
知识准备 ·· 23
一、电动刮水器的结构与原理 ·· 23
二、感应式自动刮水器 ·· 26
三、雪佛兰科鲁兹汽车感应式自动刮水器电路分析 ···························· 27
制订计划 ·· 31
一、雨量传感器电路检修计划 ·· 31
二、开关信号电路检修计划 ·· 31
任务实施 ·· 32
一、安装车辆防护装置 ·· 32
二、感应式自动刮水器信号输入电路检测 ·· 32
三、故障维修 ·· 34
检查控制 ·· 34
知识拓展 ·· 34
检查评议 ·· 34

任务四 车辆进入系统检测与维修 ··· 36

学习目标 ·· 36
任务描述 ·· 36
知识准备 ·· 36
一、普通汽车中控门锁 ·· 36
二、无线遥控式中控门锁 ·· 37
三、无钥匙进入和启动系统 ·· 39
四、科鲁兹汽车无线遥控式中控门锁电路分析 ···································· 40
制订计划 ·· 43
任务实施 ·· 43
一、安装车辆防护装置 ·· 43
二、遥控车门锁接收器电路检测 ·· 44
三、故障维修 ·· 45
检查控制 ·· 45
知识拓展 ·· 45
检查评议 ·· 46

任务五　防盗报警系统检测与维修　48

  学习目标　48
  任务描述　48
  知识准备　48
   一、汽车防盗系统的种类　48
   二、汽车防盗系统的组成　50
   三、发动机防盗锁止系统　51
   四、雪佛兰科鲁兹汽车防盗报警系统电路分析　53
  制订计划　55
  任务实施　55
   一、安装车辆防护装置　55
   二、安全防盗系统控制模块电路检测　55
   三、故障维修　56
  检查控制　56
  知识拓展　56
  检查评议　57

任务六　驻车辅助系统检测与维修　59

  学习目标　59
  任务描述　59
  知识准备　59
   一、倒车雷达系统　59
   二、倒车影像系统　61
   三、自动泊车系统　61
   四、雪佛兰科鲁兹驻车辅助系统电路分析　63
  制订计划　67
  任务实施　68
   一、安装车辆防护装置　68
   二、倒车雷达电路检测　68
   三、故障维修　69
  检查控制　69
  知识拓展　70
  检查评议　70

任务七　安全气囊系统检测与维修　72

  学习目标　72
  任务描述　72
  知识准备　72
   一、安全气囊系统的作用与类型　72
   二、安全气囊的工作过程　73
   三、安全气囊系统的组成　75

四、雪佛兰科鲁兹汽车安全气囊系统电路分析 78
　制订计划 82
　　一、前碰撞传感器电路检修计划 82
　　二、转向盘安全气囊展开电路检修计划 82
　　三、驾驶人安全带卷收器预张紧器展开电路检修计划 82
　任务实施 84
　　一、安装车辆防护装置 84
　　二、安全气囊系统检测 84
　　三、故障维修 86
　检查控制 86
　知识拓展 87
　检查评议 87

任务八　巡航控制系统检测与维修 89

　学习目标 89
　任务描述 89
　知识准备 89
　　一、巡航控制系统的控制原理与优点 89
　　二、巡航控制系统的组成 90
　　三、巡航控制系统使用注意事项 93
　　四、雪佛兰科鲁兹汽车巡航控制系统电路分析 94
　制订计划 96
　任务实施 96
　　一、安装车辆防护装置 96
　　二、巡航控制开关信号电路检测 97
　　三、故障维修 98
　检查控制 98
　知识拓展 98
　检查评议 99

任务九　音响系统检测与维修 101

　学习目标 101
　任务描述 101
　知识准备 101
　　一、汽车音响电路的类型 101
　　二、汽车音响防盗系统 102
　　三、雪佛兰科鲁兹汽车音响电路故障分析 104
　制订计划 105
　任务实施 106
　　一、安装车辆防护装置 106
　　二、左前车门扬声器电路检测 106
　　三、故障维修 106

检查控制	107
知识拓展	107
检查评议	107

任务十　车载网络系统检测与维修　109

学习目标	109
任务描述	109
知识准备	109
一、车载网络技术概述	109
二、车载网络系统的总体结构	111
三、控制器局域网	112
四、局部连接网络	114
五、MOST 总线	116
六、雪佛兰科鲁兹汽车车载网络电路分析	117
制订计划	119
一、故障诊断仪不通电故障检修计划	119
二、故障诊断仪无法与高速 GMLAN 装置通信故障检修计划	120
任务实施	120
一、安装车辆防护装置	120
二、车载网络系统检测	120
三、故障维修	122
检查控制	122
知识拓展	122
检查评议	123

参考文献　124

任务一 电源管理系统检测与维修

1. 能描述电源管理系统的功能与组成
2. 能分析蓄电池电流传感器电路
3. 能列举蓄电池电流传感器电路故障点
4. 能检修蓄电池电流传感器电路故障

一辆雪佛兰科鲁兹汽车进店保养,在保养过程中维修人员发现车身控制模块(BCM)内存在故障码"B1516 08 蓄电池电流传感器性能-信号无效"。维修人员需要在深入蓄电池电流传感器电路的基础上,分析故障点,制订故障检修计划,合理使用故障诊断仪、万用表、辅助测试线等设备,找出故障点,合理采取维修措施,恢复汽车性能。

随着现代汽车电气装置及电子控制单元(ECU)的增加,对电源系统提出了更严格的要求,越来越多的汽车上配备了专门的电源管理系统。

一、电源管理系统的功能

电源管理系统一般是利用汽车上原有的电控网络装置,如发动机控制模块(ECM)、车身控制模块(BCM)、仪表控制模块等,通过车载网络系统,形成一个闭环控制系统。电源管理系统的主要功能如下:

1)全面监测蓄电池各项参数:充、放电电流,端电压,电容量,电解液温度等。
2)保证蓄电池至少具备能起动发动机的电容量,对用电负荷采用分组放电管理方式。
3)实现最佳充电,提高整车的燃油经济性,如当蓄电池电压较低时调节发动机怠速转速,高效控制发动机的输出电压。
4)在延长蓄电池使用寿命的前提下,根据蓄电池充电状态和电解液的温度,控制合理的充电电流,实现蓄电池的快速充电。
5)在仪表盘上显示出蓄电池诊断和监控等信息,及时提醒驾驶人。

二、电源管理系统的结构

电源管理系统的基本结构如图1-1所示,其主要部件包括ECM、BCM、硅整流发电机、蓄电池和电流传感器。各部件作用如下:

（1）ECM　发动机运行后，电压调节器通电，ECM 控制一个 5V 的 128Hz 的脉宽调制信号实现 0~100% 占空比调节转子励磁电流，从而控制发电机的输出电压，使蓄电池正常充电以及电气系统正常运行。

（2）BCM　BCM 测量蓄电池端电压、现有容量、电解液温度以及蓄电池放电电流等信息，以确定蓄电池充电电流的大小。另外，BCM 是整个车辆的网关装置，它监测来自 ECM 的发电机磁场占空比信号电路信息，以控制发电机。它监测蓄电池电流传感器、蓄电池正极电压电路，并估计蓄电池温度，以确定蓄电池充电状态。

（3）电流传感器　电流传感器安装在蓄电池负极电缆上，其作用是检测流经蓄电池负极电缆的电流。雪佛兰科鲁兹汽车的电流传感器是一个 3 线式霍尔效应电流传感器，它产生一个 128Hz、占空比为 0~100% 的 5V 脉宽调制（PWM）信号。正常的占空比在 5~95% 范围内。0~5% 和 95%~100% 之间的占空比用于诊断目的，其外形如图 1-2 所示。

（4）发电机　汽车发电机由三相交流发电机、整流器和电压调节器组成。三相交流发电机将发动机的一部分动能转换为三相交流电，整流器将三相交流电转换为直流电，电压调节器通过调节励磁绕组电流调节发电机输出电压。

（5）组合仪表　组合仪表与 ECM 和 BCM 通信，以进行电源管理操作。当充电系统出现故障时，组合仪表会点亮故障指示灯，以提醒驾驶人。

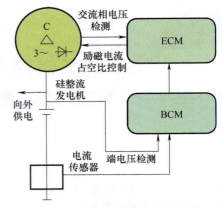

图 1-1　电源管理系统的基本结构

图 1-2　雪佛兰科鲁兹电流传感器的外形

三、蓄电池电流传感器电路分析

如图 1-3 所示，蓄电池电流传感器电路由导线 5075、导线 5076、导线 5077、电流传感器元件和 BCM（K9）组成，按功能可分解为如图 1-4 所示。

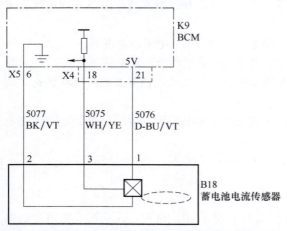

图 1-3　雪佛兰科鲁兹汽车蓄电池电流传感器电路图

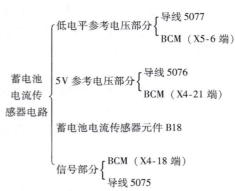

图 1-4　雪佛兰科鲁兹蓄电池电流传感器电路功能分解图

各部分功能如下：
1) 低电平参考电压部分——为蓄电池电流传感器提供6V参考电压与搭铁。
2) 蓄电池电流传感器元件B18——检测蓄电池负极电缆电流值。
3) 5V参考电压部分——为蓄电池电流传感器提供工作电压和5V参考电压。
4) 信号部分——测量蓄电池负极电缆电流。

四、蓄电池电流传感器电路故障分析

蓄电池电流传感器电路故障码与设置条件见表1-1，故障点分布如图1-5所示。

表1-1 蓄电池电流传感器电路故障码及设置条件

序号	故障码	名称	设置条件
1	B1516 08	蓄电池电流传感器性能——信号无效	蓄电池电流信号占空比小于4%或高于96%，并持续不少于2min
2	B1516 66	蓄电池电流传感器安装不正确	蓄电池电流极性为正极，持续2min

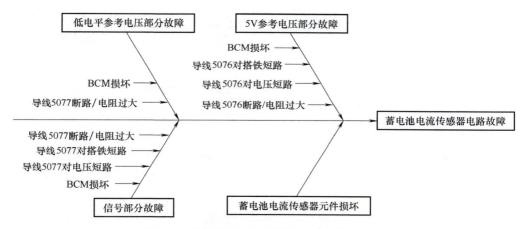

图1-5 蓄电池电流传感器电路故障点分布图

蓄电池电流传感器电路故障检修计划如图1-6所示。

一、安装车辆防护装置

1) 安装车轮挡块（或三角木）。注意：车轮挡块的安装位置可以是两个后轮，也可以是呈对角关系的前后轮。
2) 安装尾气排放系统，并接通尾气排放系统的电源。
3) 取车钥匙，解锁车辆，开车门，安装车内防护五件套（转向盘套、驻车制动杆套、变速杆手柄套、座椅套、地板垫），同时检查驻车制动杆处于拉紧位置，变速杆处于空档（手动变速器）或P位（自动变速器）位置。
4) 打开发动机舱盖，安装车外防护三件套（左、右翼子板布和前格栅布）。

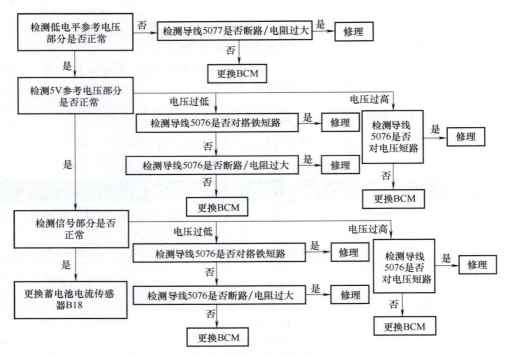

图1-6 蓄电池电流传感器电路故障检修计划

二、蓄电池电流传感器电路检测

将点火开关置于"OFF"位置,连接诊断仪至汽车OBD诊断插头,将点火开关置于"ON"位置,按照流程读取故障码并记录,根据故障码提示检测蓄电池电流传感器电路,各故障点检测方法见表1-2。

表1-2 蓄电池电流传感器电路故障点检测方法

序号	检测目的	K9 插接器	B18 插接器	点火开关位置	检测设备/功能或档位	检测位置	正常值
1	低电平参考电压部分是否正常	连接	断开	OFF	万用表/200Ω	导线5077（B18端）—搭铁	<10Ω
2	导线5077是否断路/电阻过大	断开	断开	OFF	万用表/200Ω	导线5077两端	<2Ω
3	5V参考电压部分是否正常	连接	断开	ON	万用表/DC—20V	导线5076（B18端）—搭铁	4.8~5.2V
4	导线5076是否对搭铁短路	断开	断开	OFF	万用表/200MΩ	导线5076（B18端）—搭铁	无穷大
5	导线5076是否对电压短路	断开	断开	ON	万用表/DC—20V	导线5076（B18端）—搭铁	<1V
6	导线5076是否断路/电阻过大	断开	断开	OFF	万用表/200Ω	导线5076两端	<2Ω

任务一　电源管理系统检测与维修

（续）

序号	检测目的	K9 插接器	B18 插接器	点火 开关位置	检测设备/ 功能或档位	检测位置	正常值
7	信号部分是否正常	连接	断开	ON	万用表/DC—20V	导线5076（B18端）—搭铁	4.8~5.2V
8	导线5077是否对搭铁短路	断开	断开	OFF	万用表/200kΩ	导线5077（B18端）—搭铁	无穷大
9	导线5077是否对电压短路	断开	断开	ON	万用表/DC—20V	导线5076（B18端）—搭铁	<1V
10	导线5077是否断路/电阻过大	断开	断开	OFF	万用表/200Ω	导线5076两端	<2Ω

三、故障维修

1）根据故障点，进行针对性修理。
2）复检并确认故障排除。
3）检修完成后，清洁场地，完成收尾工作。

1. 蓄电池电流传感器电路检修过程注意事项

1）在维修过程中，如需断开蓄电池电流传感器线束插接器时，应先将点火开关置于"OFF"位置，注意不能使用蛮力拉扯线束。

2）在维修过程中，如需断开BCM（K9）线束时，应先将点火开关置于"OFF"位置，并静置车辆不少于2min。

2. 判断蓄电池电流传感器电路是否检修完成的方法

起动并运行发动机至少5min之后，使用故障诊断仪确认BCM内无蓄电池电流传感器电路相关故障码。

充电系统的目的在于保持蓄电池充电和车辆负载，雪佛兰科鲁兹汽车有六种工作模式，分别是蓄电池硫化模式、充电模式、燃油经济模式、前照灯模式、起动模式、电压下降模式。ECM通过发电机接通信号电路控制发电机，并通过发电机励磁场电流占空比信号电路监测发电机性能。它是一个128Hz、占空比为0~100%的PWM信号。正常的占空比在5%~95%范围内。0~5%和95%~100%之间的占空比用于诊断目的。受控占空比和输出电压的对应关系见表1-3。

表1-3　受控占空比和输出电压的对应关系

序　号	受控占空比	发电机输出电压/V
1	10%	11
2	20%	11.56
3	30%	12.12

(续)

序　号	受控占空比	发电机输出电压/V
4	40%	12.68
5	50%	13.25
6	60%	13.81
7	70%	14.37
8	80%	14.94
9	90%	15.5

(1) 蓄电池硫化模式　当转换的发电机输出电压低于13.2V并持续45min时，BCM将进入此模式。当此情况出现时，BCM将进入充电模式2~3min。然后根据电压要求，BCM将确定进入对应的模式。

(2) 充电模式　满足下列任一条件，BCM将进入"充电模式"，在该模式下，车身电控系统视蓄电池充电状态和估计的蓄电池温度，将发电机目标输出电压设置在13.9~15.5V范围内。

1) 刮水器接通并持续超过3s。

2) 空调控制模块感测到GMLAN-高速CAN网络（温度控制电压提高模式请求）属实。

注：高速冷却风扇、后除雾器和HVAC高速鼓风机操作会导致BCM进入充电模式。

3) 估计的蓄电池温度低于0℃。

4) "蓄电池充电状态"低于80%。

5) 车速高于145km/h。

6) 电流传感器出现故障。

7) 系统电压低于12.56V。

(3) 燃油经济模式　当估计的蓄电池温度在0~80℃范围内，计算的蓄电池电流在8~15A范围内，蓄电池充电状态大于或等于80%时，BCM将进入燃油经济性模式。发电机的目标输出电压是蓄电池断路电压并可在12.5~13.1V范围内变化。

(4) 前照灯模式　当前照灯（远光或近光）打开时，BCM将进入"前照灯模式"。电压在13.9~14.5V范围内调节。

(5) 起动模式　当发动机起动时，BCM设置发电机的目标输出电压为14.5V并持续30s。

(6) 电压下降模式　当计算的环境温度高于0℃时，BCM将进入"电压下降模式"。计算的蓄电池电流小于1A，且发电机励磁电流占空比小于99%。它的发电机目标输出电压是12.9V。一旦满足"充电模式"标准，BCM将退出该模式。

1. 考核要求

1) 能正确安装车辆防护装置。

2) 能正确读取并记录故障码。

3) 能准确分析蓄电池电流传感器电路的故障原因。

4) 能正确使用工具、量具。

5) 排除电路故障过程合理。

2. 配分与评分标准

配分与评分标准见表1-4。

表 1-4　配分与评分标准

序号	作业项目	考核要求	配分	评分标准	考核记录	扣分	得分
1	劳动用品穿戴	劳动用品穿戴齐全	2	穿戴不全不得分			
2	正确选用工具、量具、材料	选用工具、量具、材料齐全准确	5	缺一件扣1分，选错一件扣1分，扣完为止			
3	根据故障现象，分析故障原因	运用正确方法确认故障，分析产生故障的原因，说出至少三种主要故障原因	25	故障确认不准确扣5～10分，分析原因不相关扣4～15分，每少说1项扣5分，扣完为止			
4	诊断故障	用正确的方法诊断故障	30	诊断方法错误扣5～10分，诊断步骤每错一步扣5～10分，诊断结果错误不得分			
5	排除故障	运用正确方法排除故障	20	不能排除扣10分 自制一处故障扣5分			
6	验证排除效果	按照要求验证排除效果	5	验证方法不当扣1～5分，不进行验证扣5分			
7	正确使用工具、用具	工具、用具使用正确	5	一种工具、用具使用不正确扣1分，扣完为止 损坏、丢失一件工具、用具不得分			
8	操作规程	操作规程执行情况	5	违反操作规程不得分			
9	清理现场	清理、擦洗并回收工具、用具	3	少收一件工具、用具扣1分，扣完为止 未回收不得分			
	合计		100				

任务二 自适应前照灯系统检测与维修

1. 能描述自适应前照灯的工作过程
2. 能描述自适应前照灯的结构
3. 能分析前照灯自动控制电路
4. 能列举前照灯自动控制电路故障点
5. 能检修前照灯自动控制电路故障

一辆雪佛兰科鲁兹汽车在使用过程中因前照灯不工作进店维修,维修人员初步检查后发现BCM内存在故障码"B2575 04 前照灯控制电路断路"。维修人员需要在识读前照灯自动控制电路的基础上,分析故障点,制订故障检修计划,合理使用故障诊断仪、万用表、辅助测试线等工具,找出故障点,合理采取维修措施,恢复汽车性能。

AFS(Adaptive Front Lighting Systerm)中文名称为自适应前照灯系统,它能根据转向操作和车速自动改变近光灯左右方向的光轴,并且还可以自动调节上下方向的光轴,所以能满足各种行驶条件,获得最适合的前照灯照明光线。

一、AFS 的功能

AFS 能根据周围环境的变化主动选择六种照明模式,以适应环境。

1. 默认照明模式

在默认照明模式,前照灯不做任何水平与垂直方向的调整,但会根据光敏传感器感知光线的变化而自动打开或关闭前照灯。如在白天车辆穿过隧道和桥梁或遇到恶劣天气时,前照灯会自动打开,以补充照明。在黄昏时分,光线强度下降到一定程度时,前照灯也会自动打开;相反,当黎明到来,光线强度升高到一定程度时,前照灯自动关闭。

2. 高速公路照明模式

车辆在高速公路上行驶时,车速很快,车辆密度相对较低且侧向干扰较少,所以要求前照灯照得更远、更窄,且要求车速越高,光型越长,这样才能提前发现前方障碍物,避免交通事故的发生。当车辆进入高速公路且速度超过 70km/h 时,AFS 通过车速传感器或 GPS 获知此信息,开启高速公路照明模式,调高近光灯的水平高度增长照明区域,如图 2-1 所示。

3. 乡村道路照明模式

乡村道路岔路口多,且光线较暗,不便及时发现边缘障碍物。部分道路还凹凸不平、起伏不

a) 普通照明模式　　　　　　　b) 高速公路照明模式

图 2-1　普通照明模式和高速公路照明模式

定，造成车身倾斜，车身倾斜对前照灯照射俯仰角度影响很大。若遇到起伏不平的路况，AFS 开启乡村道路照明模式，根据前轴和后轴高度差的变化量来自动调整前照灯的投射俯仰角度，尽量使光轴恢复到原先的水平状态，以能达到良好的照明效果，又不会对迎面车辆的驾驶人造成眩目，其效果如图 2-2 所示。

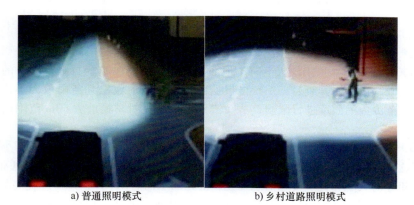

a) 普通照明模式　　　　　　　b) 乡村道路照明模式

图 2-2　普通照明模式和乡村道路照明模式

4. 城市照明模式

对于城市道路来说，照明条件较好，且车流、人流密度都明显增大，防止眩目就显得尤为重要。当光照强度达到阈值，且车速不超过 60km/h 时，城市道路照明模式便自动开启，左右近光灯的驱动功率均减小，以降低亮度，且前照灯在垂直方向上会向下偏转一定角度，从而降低射进对面驾驶人眼中的光照强度，如图 2-3 所示。

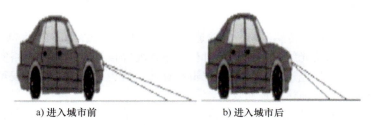

a) 进入城市前　　　　　　　b) 进入城市后

图 2-3　城市照明模式

5. 弯道照明模式

当汽车在弯道上行驶时，因为前照灯的光线和车辆的行驶方向一致，所以不可避免会存在照明暗区，极易因为不能及时发现弯道上的障碍物而引发交通事故。当转向角大于12°并且车速超过30km/h时，AFS采用弯道照明模式；当转向角小于9°或车速低于5km/h时，停止使用弯道照明模式。当AFS采用弯道照明模式时，前照灯会旋转一定角度，给弯道以足够的照明，如图2-4所示。为了正面照明的需要，AFS并不是同时控制左右近光灯的，如果车辆向右转弯，则右侧前照灯向右侧旋转，如果向左转弯，则左侧前照灯向左侧旋转。同时，左右近光灯的最大调节角度也是不同的，对于交通法规规定靠右行驶的国家，右侧近光灯变化角度最大为5°，左侧为15°。

a) 普通照明模式　　　　　　　b) 弯道照明模式

图2-4　普通照明模式和弯道照明模式

6. 恶劣天气照明模式

（1）**阴雨天气照明方式**　阴雨天气时，地面的积水会将行驶车辆打在地面上的光线反射到对面会车驾驶人的眼睛中，使其眩目。AFS可根据雨量传感器的数据判断雨量大小，适当降低前照灯的高度，对此范围内的照度进行限制，从而避免反射眩光对车辆前方60m范围内的驾驶人造成眩目。

（2）**雾霾天气照明方式**　雾霾天气时，前照灯光线产生漫射且前照灯上布满小水珠，使前照灯的亮度和穿透力降低，导致前方景象难以看清，驾驶人的能见度很低，给交通带来很大不便。由雾传感器感知雾的大小和光敏传感器感知光线的强弱从而启动AFS。AFS会提高前照灯的驱动功率和抬高前照灯的垂直高度，而且还会启动车灯清洗装置，冲洗前照灯上的小水珠，以增强前照灯光束的亮度和穿透力，从而提高前方道路的能见度与清晰度。

（3）**沙尘暴天气照明方式**　沙尘暴天气和下雾天气情况类似，虽然此时不存在小水珠，但是在沙尘暴天气时会有大风，使前照灯上布满灰尘，且四周随时可能刮来不明物体。由风速传感器、颗粒物传感器和光敏传感器判断是否进入沙尘暴照明模式。这时，AFS同样会提高前照灯的驱动功率和抬高前照灯的垂直高度，同时启动车灯清洗装置，洗净前照灯外壳上面的灰尘，此外，其中一只前照灯会向外侧旋转一定角度，以及时发现被风刮来的障碍物。

二、AFS的结构

如图2-5所示，AFS是由传感器组、传输通路、处理单元和执行机构四大部分组成的。其基本工作过程是：传感器组采集光线、车速、转向和道路状况等信息，由传输通路实时传输这些信息至中央处理器，中央处理器经过复杂的控制逻辑和算法，将得到的控制命令发给执行单元，再由执行单元做出最终反应，从而达到预期效果。

（1）**传感器组**　传感器组包括光敏传感器、车速传感器、车身高度传感器、转向盘转角传感器、雨量传感器、雾传感器、风速传感器、颗粒物传感器、汽车位置传感器（GPS信号）。

（2）**传输通路**　AFS使用总线作为传输通道，通过CAN总线还可以向其他电子模块索要本系统需要的相关信息及将本系统当前的一些信息发送给其他电子模块，从而简化系统结构，实现信息共享。

（3）**执行机构**　执行机构主要包括步进电机、车灯功率驱动芯片和车灯清洗器，左右前照灯

任务二　自适应前照灯系统检测与维修

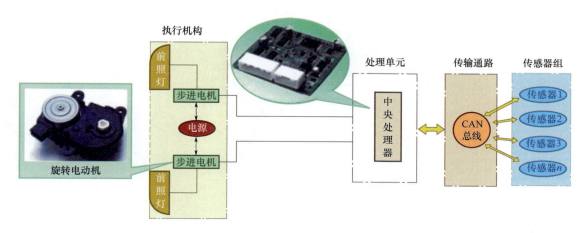

图 2-5　AFS 的结构

各需要两台步进电机，一台用来控制垂直方向的转动，另一台用来控制水平方向的转动。

三、雪佛兰科鲁兹汽车自适应前照灯电路的基本组成

雪佛兰科鲁兹汽车配备的自动前照灯全称为"自动光线感应式前照灯"。其作用是自动控制灯光开启，防止驾驶人忘记开灯而造成交通事故。如汽车从亮度充足的地方进入隧道时，前照灯自动调节灯光亮度，照亮车辆前方道路。相对手动控制的前照灯系统而言，其关键部件是环境光照度传感器，环境光照度传感器是判断是否需要点亮前照灯的信号依据。环境光照度传感器可以自动感知车外环境的"亮度"，当外界环境的亮度低于一定的数值后，它就会控制前照灯自动开启；当外界环境的亮度高于一定数值时，前照灯就会自动熄灭。

1. 环境光照度/日照传感器

如图 2-6 所示，雪佛兰科鲁兹汽车环境光照度/日照传感器安装在仪表板顶部汽车空调出风口中央，其主要的作用有：检测环境光照度、检测车内空气温度和检测前风窗玻璃温度。

a) 安装位置　　　　　　　　b) 外形

图 2-6　雪佛兰科鲁兹汽车环境光照度/日照传感器

2. 灯光开关

如图 2-7 所示，与传统的灯光开关相比，自动前照灯的灯光开关增加了"Auto"档位，当灯光开关置于"Auto"位置时，灯光电路进入自动控制模式。

四、雪佛兰科鲁兹汽车前照灯自动控制电路分析

如图 2-8 所示，将灯光开关置于"Auto"位置后，BCM 根据环境

a) 带自动控制功能的灯光开关　　　b) 传统灯光开关

图 2-7　灯光开关

光照度/日照传感器信号判断环境光照度信号，从而控制行车灯、前照灯的远近光工作。

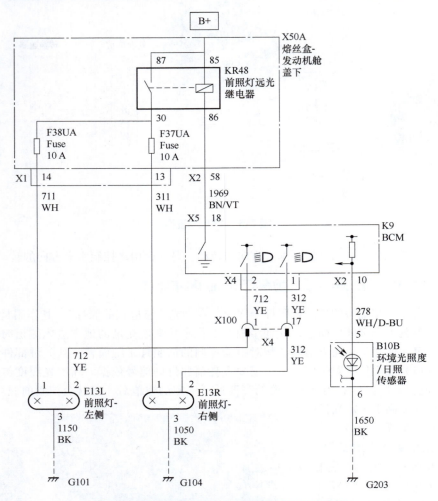

图 2-8 雪佛兰科鲁兹汽车自动前照灯的电路图

1. 电路分解

雪佛兰科鲁兹汽车前照灯自动控制电路按功能可分解为环境光照度传感器电路和前照灯工作电路两个电路，具体如下：

（1）**环境光照度/日照传感器电路** 环境光照度/日照传感器电路由导线278、导线1650、BCM K9、搭铁点 G203 和环境光照度/日照传感器元件 B10B 组成，按功能可分解为如图 2-9 所示。

环境光照度/日照传感器电路 $\begin{cases} 信号部分 \begin{cases} BCM\ K9（X2/10 端）\\ 导线 278 \end{cases} \\ 环境光照度/日照传感器元件 B10B \\ 搭铁部分 \begin{cases} 导线 1650 \\ 搭铁点 G203 \end{cases} \end{cases}$

图 2-9 环境光照度/日照传感器电路功能分解图

（2）**前照灯工作电路** 前照灯工作电路由远光灯继电器、发动机舱盖下熔丝盒 X50A、导线711、导线311、导线9169、BCM-K9、导线312、导线712、右前照灯灯泡、左前照灯灯泡、导线1050、导线1150、搭铁点 G101 和搭铁点 G104 组成，按功能可分解为左近光灯工作电路、右近光灯工作电路和远光灯工作电路，分别如图 2-10 ~ 图 2-12 所示。

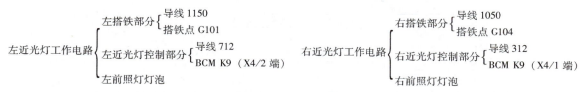

图 2-10　左近光灯工作电路功能分解图　　　图 2-11　右近光灯工作电路功能分解图

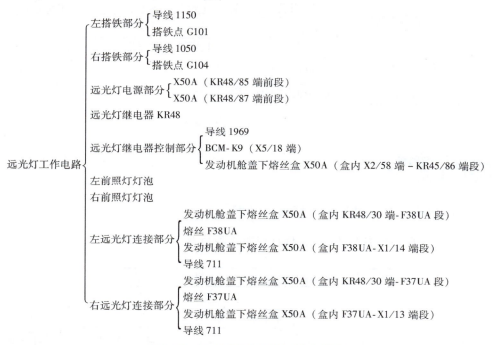

图 2-12　远光灯工作电路功能分解图

2. 故障分析

（1）环境光照度/日照传感器电路　电路故障点分布如图 2-13 所示。

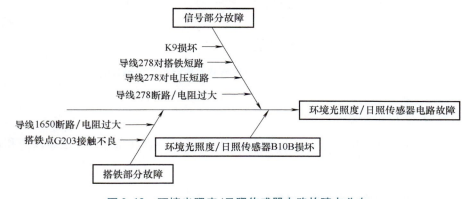

图 2-13　环境光照度/日照传感器电路故障点分布

（2）前照灯工作电路　电路故障点分布如图 2-14 所示。

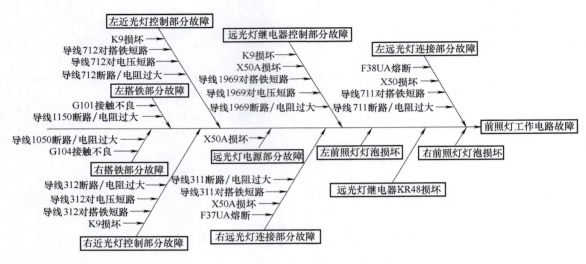

图 2-14　前照灯工作电路故障点分布

一、环境光照度/日照传感器电路检修计划

环境光照度/日照传感器电路故障检修计划如图 2-15 所示。

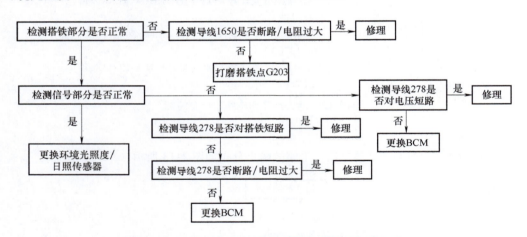

图 2-15　环境光照度/日照传感器电路故障检修计划

二、前照灯工作电路检修计划

前照灯工作电路的故障现象包括左近光灯工作电路故障、右近光灯工作电路故障和远光灯工作电路故障。

1. 左近光灯工作电路

左近光灯工作电路检修计划如图 2-16 所示。

2. 右近光灯工作电路

右近光灯工作电路检修计划如图 2-17 所示。

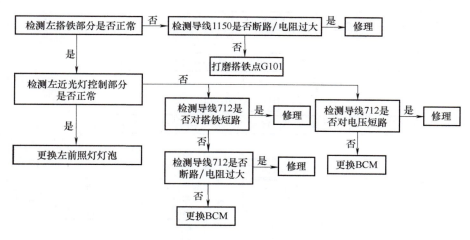

图 2-16　左近光灯工作电路检修计划

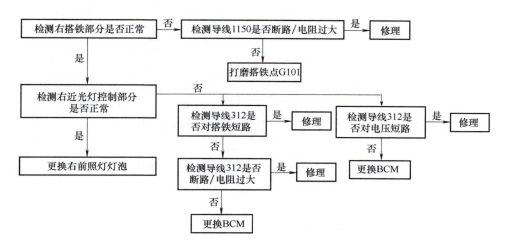

图 2-17　右近光灯工作电路检修计划

3. 远光灯工作电路

远光灯工作电路检修计划如图 2-18 所示。

一、安装车辆防护装置

1）安装车轮挡块（或三角木）。注意：车轮挡块的安装位置可以是两个后轮，也可以是呈对角关系的前后轮。

2）安装尾气排放系统，并接通尾气排放系统的电源。

3）取车钥匙，解锁车辆，开车门，安装车内防护五件套（转向盘套、驻车制动杆套、变速杆手柄套、座椅套、地板垫），同时检查驻车制动杆处于拉紧位置，变速杆处于空档（手动变速器）或 P 位（自动变速器）位置。

4）打开发动机舱盖，安装车外防护三件套（左、右翼子板布和前格栅布）。

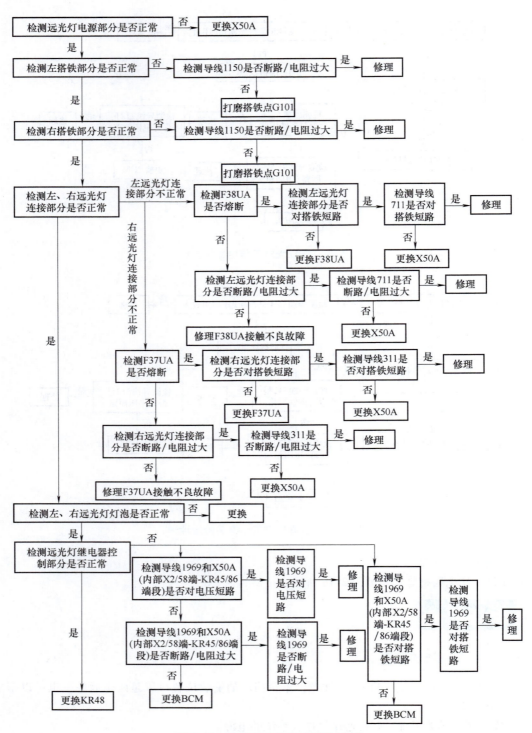

图 2-18 远光灯工作电路检修计划

二、自适应前照灯系统检测

将点火开关置于"OFF"位置,连接诊断仪至汽车 OBD 诊断插头,将点火开关置于"ON"位

任务二 自适应前照灯系统检测与维修

置,按照流程读取故障码并记录,根据故障码提示选择环境光照度/日照传感器电路或前照灯工作电路进行检测。

1. 环境光照度/日照传感器电路检测

环境光照度/日照传感器电路各故障点检测方法见表 2-1。

表 2-1 环境光照度/日照传感器电路各故障点检测方法

序号	检测目的	BCM-X2 插接器	B10B 插接器	点火开关位置	检测设备/功能或档位	检测位置	正常值
1	搭铁部分是否正常	连接	断开	OFF	万用表/200Ω	导线 1650(B10B 端)—搭铁	<5Ω
2	导线 1650 是否断路/电阻过大	连接	断开	OFF	万用表/200Ω	断开 G203 连接导线后,测量导线 1650 两端	<2Ω
3	信号部分是否正常	连接	断开	ON	诊断仪/数据流"环境光照传感器"	—	>4.65V
						使用带 3A 熔丝的导线连接导线 278(B10B 端)和搭铁	<0.196V
4	导线 278 是否对电压短路	断开	断开	ON	万用表/DC—20V	导线 278(B10B 端)—搭铁	<1V
5	导线 278 是否对搭铁短路	断开	断开	OFF	万用表/200kΩ	导线 278(B10B 端)—搭铁	无穷大
6	导线 278 是否断路/电阻过大	断开	断开	OFF	万用表/200Ω	导线 278 两端	<2Ω

2. 前照灯工作电路检测

(1)左近光灯工作电路 左近光灯工作电路检测方法为:将点火开关置于"ON"位置,使用故障诊断仪驱动"左前照灯近光灯"选项"开启"时,左近光灯灯泡应点亮;驱动"左前照灯近光灯"选项"关闭"时,左近光灯灯泡应熄灭。左近光灯工作电路各故障点检测方法见表 2-2。

表 2-2 左近光灯工作电路各故障点检测方法

序号	检测目的	BCM-X4 插接器	左前照灯插接器	点火开关位置	检测设备/功能或档位	检测位置	正常值
1	左搭铁部分是否正常	—	断开	OFF	万用表/200Ω	导线 1150(左前照灯端)—搭铁	<5Ω
2	导线 1150 是否断路/电阻过大	—	断开	OFF	万用表/200Ω	断开 G101 连接线后,测量导线 1150 两端	<2Ω
3	左近光灯控制部分是否正常	连接	断开	ON	诊断仪/驱动试验"左前照灯近光"	试灯连接导线 712(左前照灯端)	"开启"时试灯亮,"关闭"时试灯灭
4	导线 712 是否对电压短路	断开	断开	ON	万用表/DC—20V	导线 712(左前照灯端)—搭铁	<1V

（续）

序号	检测目的	BCM-X4 插接器	左前照灯插接器	点火开关位置	检测设备/功能或档位	检测位置	正常值
5	导线712是否对搭铁短路	断开	断开	OFF	万用表/200kΩ	导线712（左前照灯端）—搭铁	无穷大
6	导线712是否断路/电阻过大	断开	断开	OFF	万用表/200Ω	导线712两端	<2Ω

（2）右近光灯工作电路 右近光灯工作电路检测方法为：将点火开关置于"ON"位置，使用故障诊断仪驱动"右前照灯近光灯"选项"开启"时，右近光灯灯泡应点亮；驱动"右前照灯近光灯"选项"关闭"时，右近光灯灯泡应熄灭。右近光灯工作电路各故障点检测方法见表2-3。

表2-3 右近光灯工作电路各故障点检测方法

序号	检测目的	BCM-X4 插接器	右前照灯插接器	点火开关位置	检测设备/功能或档位	检测位置	正常值
1	右搭铁部分是否正常	—	断开	OFF	万用表/200Ω	导线1050（右前照灯端）—搭铁	<5Ω
2	导线1050是否断路/电阻过大	—	断开	OFF	万用表/200Ω	断开G104连接线后，测量导线1050两端	<2Ω
3	右近光灯控制部分是否正常	连接	断开	ON	诊断仪/驱动试验"右前照灯近光"	试灯连接导线312（右前照灯端）	"开启"时试灯亮，"关闭"时试灯灭
4	导线312是否对电压短路	断开	断开	ON	万用表/DC—20V	导线312（右前照灯端）—搭铁	<1V
5	导线312是否对搭铁短路	断开	断开	OFF	万用表/200kΩ	导线312（右前照灯端）—搭铁	无穷大
6	导线312是否断路/电阻过大	断开	断开	OFF	万用表/200Ω	导线312两端	<2Ω

（3）远光灯工作电路 远光灯工作电路检测方法为：将点火开关置于"ON"位置，使用故障诊断仪驱动"远光灯"选项"开启"时，远光灯灯泡应点亮；驱动"远光灯"选项"关闭"时，远光灯灯泡应熄灭。远光灯工作电路各故障点检测方法分别见表2-4~表2-7。

表2-4 远光灯工作电路电源部分与左、右远光灯连接部分检测方法

序号	检测目的	前照灯插接器	远光继电器	点火开关位置	检测设备/功能或档位	检测位置	正常值
1	远光灯电源部分是否正常	—	取出	ON	试灯	X50A内远光灯继电器端子85和端子87对搭铁	正常发光
2	左、右远光灯连接部分是否正常	连接	取出	ON	远光灯	使用带20A熔丝的导线连接X50A内远光灯继电器端子87和端子30	正常发光

任务二　自适应前照灯系统检测与维修

表 2-5　左远光灯连接部分故障点检测方法

序号	检测目的	远光继电器	X50A-X1插接器	左前照灯插接器	点火开关位置	检测设备/功能或档位	检测位置	正常值
1	F38UA 是否熔断	—	—	—	OFF	万用表/200Ω	取出 F38UA 后，测量熔丝两端	<2Ω
2	左远光灯连接部分是否对搭铁短路	取出	连接	断开	OFF	万用表/200kΩ	导线 711（左前照灯端）—搭铁（注：F38UA 未取出）	无穷大
3	导线 711 是否对搭铁短路	—	断开	断开	OFF	万用表/200kΩ	电路 711（左前照灯端）—搭铁	无穷大
4	左远光灯连接部分是否断路/电阻过大	取出	连接	断开	OFF	万用表/200Ω	电路 711（左前照灯端）—X50A 内 KR48 端子 30 插孔	<5Ω
5	导线 711 是否断路/电阻过大	—	断开	断开	OFF	万用表/200Ω	电路 711 端对端	<2Ω
6	左前照灯灯泡是否正常	—	—	断开	OFF	—	将左远光灯灯丝连接至蓄电池正负极	正常发光

表 2-6　右远光灯连接部分故障点检测方法

序号	检测目的	远光继电器	X50A-X1插接器	右前照灯插接器	点火开关位置	检测设备/功能或档位	检测位置	正常值
1	F37UA 是否熔断	—	—	—	OFF	万用表/200Ω	取出 F37UA 后，测量熔丝两端	<2Ω
2	右远光灯连接部分是否对搭铁短路	取出	连接	断开	OFF	万用表/200MΩ	导线 311（右前照灯端）—搭铁（注：F37UA 未取出）	无穷大
3	导线 311 是否对搭铁短路	—	断开	断开	OFF	万用表/200kΩ	导线 311（右前照灯端）—搭铁	无穷大
4	右远光灯连接部分是否断路/电阻过大	取出	连接	断开	OFF	万用表/200Ω	导线 311（左前照灯端）—X50A 内 KR48 端子 86 插孔	<5Ω
5	导线 311 是否断路/电阻过大	—	断开	断开	OFF	万用表/200Ω	导线 311 两端	<2Ω
6	右前照灯灯泡是否正常	—	—	断开	OFF	—	将右远光灯灯丝连接至蓄电池正负极	正常发光

表 2-7 远光灯控制部分故障点检测方法

序号	检测目的	远光继电器	X50A-X2 插接器	BCM-X5 插接器	点火开关位置	检测设备/功能或档位	检测位置	正常值
1	远光灯继电器控制部分是否正常	取下	连接	连接	ON	诊断仪/动作测试"远光灯"和试灯	试灯连接 X50A 内 KR48 端子 86 插口与蓄电池正极，接通/断开"远光灯"	"接通"时点亮/"断开"时熄灭
2	导线 1969 和 X50A（X2/58 端-KR48/86 端段）是否对电压短路	取下	连接	断开	ON	万用表/DC—20V	X50A 内 KR48 端子 86 插口—搭铁	<1V
3	导线 1969 和 X50A（X2/58 端-KR45/86 端段）是否对搭铁短路	取下	连接	断开	OFF	万用表/200kΩ	X50A 内 KR48 端子 86 插口—搭铁	无穷大
4	导线 1969 和 X50A（X2/58 端-KR45/86 端段）是否断路/电阻过大	取下	连接	断开	OFF	万用表/200Ω	X50A 内 KR48 端子 86 插口—搭铁	<5Ω
5	导线 1969 是否对电压短路	—	断开	断开	ON	万用表/DC—20V	电路 1969（X50A 端）—搭铁	<1V
6	导线 1969 是否对搭铁短路		断开	断开	OFF	万用表/200kΩ	电路 1969（X50A 端）—搭铁	无穷大
7	导线 1969 是否断路/电阻过大		断开	断开	OFF	万用表/200Ω	电路 1969 两端	<2Ω

三、故障维修

1）根据故障点，进行针对性修理。

2）复检并确认故障排除。

3）检修完成后，清洁场地，完成收尾工作。

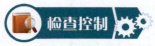

1. 检查自动前照灯电路是否检修完成的方法

将灯光开关置于"Auto"位置，使用不透光的毛巾遮住环境光照度传感器，前照灯应发光；拿开毛巾，使用强光手电筒照射环境光照度传感器，前照灯应熄灭。

2. 自动前照灯电路检修过程中的注意事项

1）断开 BCM 线束插接器前，应将点火开关置于"OFF"位置，断开蓄电池负极电缆，并静置车辆不少于 2min。

2）断开前照灯线束插接器前，应先将点火开关置于"OFF"位置。

3）拔插熔丝时，应注意感受其接触是否良好。

一、前照灯清洗装置的结构

如图 2-19 所示，前照灯清洗装置是指在前照灯的下方有一出水口，随时可以清洗前照灯的灰尘及污垢。主要有以下两种结构模式：

1. 擦/洗系统

擦/洗系统只能用于玻璃配光镜，因为塑料配光镜尽管有耐摩擦涂层，但对机械清洗还是比较敏感，在老一代车型上还可以看到此类清洗系统。

2. 高压清洗系统

高压清洗系统可以用在玻璃和塑料配光镜上，目前应用较为广泛。清洗效果主要取决于喷嘴与配光镜之间的距离、喷水的水滴大小、接触角、喷水速度以及喷水量。其典型部件如下：

图 2-19 前照灯清洗装置

（1）水箱（清洗液箱） 由于前照灯清洗装置使用的频率不高，所用清洗液就相对有限，所以前照灯清洗液与风窗玻璃清洗系统共用一个水箱。但是为了保证清洗液在清洗时足够使用，有些法规规定，水箱里必须有25次或者50次清洁循环水的储存量，如果与其他清洗液共用，则在满足以上要求的基础上还至少要有1L的空间余量，一般情况下其容量通常为 5~7L。

（2）清洗泵 高压清洗系统的核心部件为一个结构简单的电动循环清洗泵，循环液通过清洗泵的喷孔将清洗液喷射到前照灯灯壳上。

（3）连接软管 对于清洗系统来说，软管是一个极其重要的组件，其伸缩性必须与短期脉冲长度精确地匹配。总长度一般不超过 2.5m（最大值 4m）。

二、前照灯清洗装置在汽车上的典型安装位置

前照灯清洗装置在汽车上有三种典型的安装位置：

1）安装在汽车保险杠上，也可使用可伸缩的延伸喷嘴支架，使其隐藏在保险杠内，在不用时隐藏起来，在使用时再打开。其工作过程为：当前照灯打开、前风窗喷水清洗启用时，前照灯清洗器开始工作。清洗系统先将前照灯清洗器从保险杠中伸出来（打开出水孔），然后，水在压力作用下喷向前照灯。

2）安装在前照灯下面，其独特之处在于，它采用的是隐藏式设计，保证了前照灯的美观。一旦按下前照灯清洗键，高压清洗液所产生的压力会将喷头推出，并在极短时间内喷射，完成清洗去污，喷射完成后，喷头自动回缩。

3）安装在前照灯附近下方。

1. 考核要求

1）能正确安装车辆防护装置。

2）能正确读取并记录故障码。
3）能准确分析自动前照灯电路故障原因。
4）能正确使用工具、量具。
5）排除故障过程合理。

2. 配分与评分标准

配分与评分标准见表2-8。

表2-8　配分与评分标准

序号	作业项目	考核要求	配分	评分标准	考核记录	扣分	得分
1	劳动用品穿戴	劳动用品穿戴齐全	2	穿戴不全不得分			
2	正确选用工具、量具、材料	选用工具、量具、材料齐全准确	5	缺一件扣1分，选错一件扣1分，扣完为止			
3	根据故障现象，分析故障原因	运用正确方法确认故障，分析产生故障的原因，说出至少三种主要故障原因	25	故障确认不准确扣5～10分，分析原因不相关扣4～15分，每少说1项扣5分，扣完为止			
4	诊断故障	用正确的方法诊断故障	30	诊断方法错误扣5～10分，诊断步骤每错一步扣5～10分，诊断结果错误不得分			
5	排除故障	运用正确的方法排除故障	20	不能排除扣10分			
				自制一处故障扣5分			
6	验证排除效果	按照要求验证排除效果	5	验证方法不当扣1～5分，不进行验证扣5分			
7	正确使用工具、用具	工具、用具使用正确	5	一种工具、用具使用不正确扣1分，扣完为止			
				损坏、丢失一件工具、用具不得分			
8	操作规程	操作规程执行情况	5	违反操作规程不得分			
9	清理现场	清理、擦洗并回收工具、用具	3	少收一件工具、用具扣1分，扣完为止			
				未回收不得分			
	合计		100				

任务三　感应式自动刮水器系统检测与维修

1. 能描述感应式自动刮水器系统的工作过程
2. 能分析感应式自动刮水器系统控制电路
3. 能列举感应式自动刮水器系统电路故障点
4. 能检修前照灯自动控制电路故障

一辆雪佛兰科鲁兹汽车在使用过程中出现手动模式正常，自动模式不正常的现象进店维修，维修人员初步检查后发现 BCM 内存在故障码"B370A 雨量传感器"。维修人员需要在识读前照灯自动控制电路的基础上，分析故障点，制订故障检修计划，合理使用故障诊断仪、万用表和辅助测试线等工具，找出故障点，合理采取维修措施，恢复汽车性能。

电动刮水器的作用是去除风窗玻璃上的水、雪及沙尘，保证在不良天气下驾驶人仍具有良好的视线。目前在汽车上广泛采用的电动刮水器，具有高速、低速及间歇三个工作档位和自动回位功能，部分高档汽车上还安装了感应式自动刮水器系统，能够通过雨量传感器感应雨滴的大小，自动调节刮水器运行速度，为驾驶人提供良好的视野，从而大大提高雨天驾驶的方便性和安全性。

一、电动刮水器的结构与原理

1. 电动刮水器的结构

如图 3-1 所示，电动刮水器主要由直流电动机、减速机构、拉杆、摆杆、刮臂、刮水片等组成。直流电动机旋转，带动蜗轮减速机构，使与蜗轮轴相连的摇臂带着两侧拉杆做往复运动，拉杆则通过摆杆带着左、右刮臂做往复摆动，安装在刮臂上的刮水片便刮去玻璃上的雨水、雪水和灰尘。

2. 刮水器电动机的结构

电动刮水器的电动机一般有永磁式和励磁式两种，而永磁式电动机结构简单、体积小、可靠性好，被广泛采用，其内部结构如图 3-2 所示。

3. 电动刮水器的变速原理

永磁式刮水器电动机是通过改变电刷间的导体数目实现变速，具有不易退磁的优点。能实现高、低速运转。其变速结构如图 3-3 所示。B_1 为低速运转电刷，B_2 为高速运转电刷，B_3 为公共电

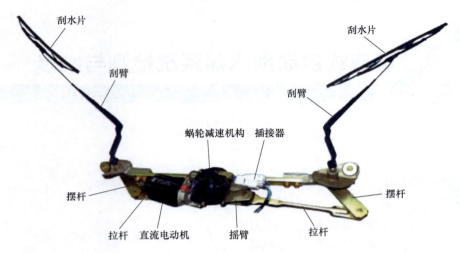

图 3-1　电动刮水器的组成

刷，B_1、B_2 安装位置相差 60°。

永磁电动机工作时，在电枢内（转子）同时产生反电动势，其方向与电枢电流的方向相反。要使电动机旋转，外加电压必须克服反电动势的作用。当电动机转速升高时，反电动势增加，只有当外加电压等于反电动势时，电枢的转速才能稳定。

（1）低速运转　当开关拨向 L（低速档）时，如图 3-4a 所示。电源电压加在 B_1 与 B_3 电刷之间。在电刷 B_1 和 B_3 之间有两条并联的电枢绕组支路，一条是由绕组 1、2、3、4 串联的支路；另一条是由绕组 5、6、7、8 串联的支路。每条回路中串联的有效线圈各四个，串联线圈（导体）数相对较多，故反向电动势较大，电动机以较低转速运转。

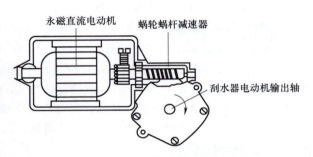

图 3-2　永磁式刮水器电动机的结构

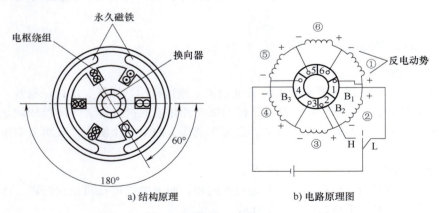

a）结构原理　　　b）电路原理图

图 3-3　永磁式刮水器电动机变速结构

（2）高速运转　当开关拨向 H（高速档）时，如图 3-4b 所示。电源电压加在 B_2 和 B_3 电刷之间，其间同样有两条并联的电枢绕组支路，一条是由绕组 8 和绕组 4 的绕组方向相反，而流经其中的电流方向相同，故绕组8产生的反电动势与4的反电动势互相抵消，只有三个绕组的反电动势与电源电压平衡，故反电动势较小，电动机以较高转速运转。

4. 刮水器的自动复位

刮水器的自动复位是指在任何时刻切断刮水器电动机电路时，刮水片都能自动停止在风窗玻璃的下部而不影响驾驶人的视线。如图3-5所示，在直流电动机减速机构的蜗轮上嵌有铜环，此铜环分为两个部分，其中面积较大的一片与电机外壳相连接（搭铁）。当把刮水器开关退回到R位时，如果刮水片没有停止到规定位置，由于触点B与铜环相接触，如图3-5b

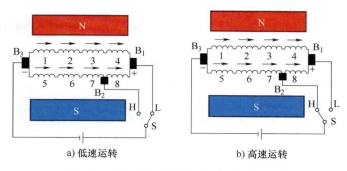

图3-4　永磁式刮水器电动机的变速原理图

所示，则电流继续流入电枢，其电路为蓄电池正极→电源开关→熔丝→电刷B_3→电枢绕组→电刷B_1→接线柱Ⅱ→接触片→接线柱Ⅰ→触点臂→触点B→铜环→搭铁→蓄电池负极，电动机仍以低速运转至蜗轮转到图3-5a所示的特定位置，电路中断。由于电枢的运动惯性，电动机不能立即停止转动，此时电动机以发电机运行，其电路为：电刷B_3→触点臂→触点A→铜环→触点B→触点臂→接线柱Ⅰ→接触片→接线柱Ⅱ→电刷B_1→电枢绕组，形成回路。电枢绕组所产生反向电动势的方向与外加电压的方向相反，产生制动转矩，电动机迅速停止转动，使刮水片复位到风窗玻璃的下部。

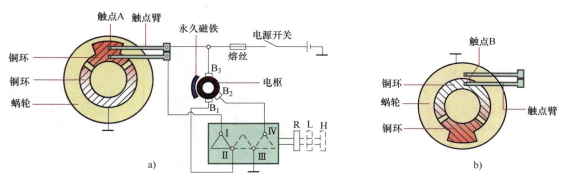

图3-5　刮水器自动复位装置

5. 刮水器的间歇控制

当汽车在毛毛细雨或浓雾天行驶时，因风窗玻璃表面形成的是不连续水滴，如果刮水片仍按一定的速度连接刮拭，微量的水分和灰尘就会形成发黏的表面，使玻璃模糊不清，影响驾驶人的视线。为此现代汽车刮水器都装有间歇控制系统，使刮水器能按一定的周期停止和刮水，以使驾驶人获得更好的视线。

电动刮水器的电子间歇控制按其通断时间调节可分为可调式和不可调式。下面以同步振荡电路控制的间歇刮水器为例介绍其工作过程：

电路如图3-6所示。当刮水器开关置于"0"档，且间歇开关闭合时，电流由蓄电池"+"→点火开关→熔断丝→复位开关常闭触点→电阻R_6→电容C→搭铁→蓄电池"–"形成充电回路；使电容C两端电压上升，达一定值时，VT_1、VT_2随之。继电器J中有电流通过，回路为：蓄电池"+"→点火开关→熔断器→R_4→VT_2→J→间歇开关→搭铁→蓄电池"–"；继电器磁化通电使其常闭触点断开（实线位置），常开触点闭合（虚线位置）刮水器电动机电路被接通，回路为：蓄电池"＋"→点火开关→熔断丝→公共电刷 B_3→电枢绕组→低速电刷 B_1→刮水开关"0"位→继电器常开触点→搭铁→蓄电池"－"形成供电回路；使刮水器电动机低速工作。当复位开关常闭触点被复位装置至常开位置时，电容 C→二极管 VD→复位开关常开位置→搭铁；电容快速放电，一段时间后，VT_1 截止，VT_2 截止，继电器断电，其触点复位，但这时电动机仍运转。

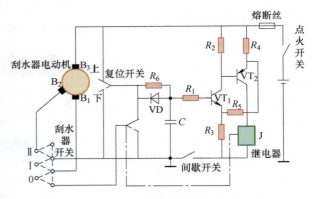

图 3-6　同步间歇刮水器控制电路图

回路为：蓄电池"＋"→点火开关→熔断丝→公共电刷 B_3→电枢→低速电刷 B_1→刮水器开关"0"位→继电器常闭触点→复位开关常开触点→搭铁→蓄电池"－"，只有当复位开关常开触点被复位装置顶回至常闭位置时电动机才停止。电容 C 再次充电，如此周而复始。

二、感应式自动刮水器

电动刮水器虽然能够实现间歇控制，但不能随雨量的变化及时调整刮水频率。感应型刮水器能够根据雨量的大小自动调节刮水频率，使驾驶人始终保持良好的视线。

1. 感应式自动刮水器的组成

感应式自动刮水器主要由雨量传感器、间歇刮水放大电路（可集成于 BCM）、刮水器电动机等组成，如图 3-7 所示。雨量传感器的作用是将雨量的大小转变为与之相对应的电信号并传送给间歇刮水放大器，间歇刮水放大器（有些车型集成在 BCM 内）根据雨量传感器的电信号大小计算刮水速度并将控制信号输送给刮水器电动机，刮水器电动机根据间歇放大器的信号控制刮水速度。

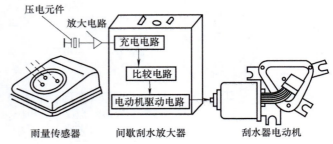

图 3-7　感应式自动刮水器的组成

2. 雨量传感器

雨量传感器安装在汽车前风窗玻璃上，根据其工作原理的不同，主要分为流量式雨量传感器、静电式雨量传感器、压电式雨量传感器和红外线式雨量传感器。

（1）流量式雨量传感器　如图 3-8 所示，在流量式雨量传感器内部，$S_1/S_2/S_3$ 为流量监测电极板，S_1—S_2 为 2.5cm，距离较近，小雨量时 VT_1 先导通，J_1 吸合，刮水器低速转动；S_1—S_3 为 3cm，距离较远，大雨量时 VT_2 先导通，J_2 继电器吸合，常开触点

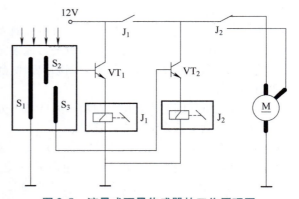

图 3-8　流量式雨量传感器的工作原理图

接通，刮水器电动机高速转动。

（2）静电式雨量传感器 如图3-9所示，在电容器中，极板面积 S、电极间的间隔 d 不变，则电容 C 只有介电系数 ε 决定，因水和空气的介电系数 ε 值不同，C 随雨量的大小而变，利用静电容的变化，改变振荡电路的振荡频率，从而控制刮水器的动作。

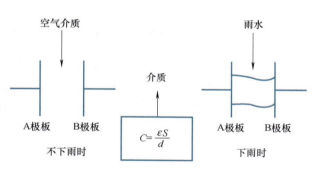

图3-9 静电式雨量传感器

（3）压电式雨量传感器 压电式雨量传感器安装在车身外部，其壳体密封要求良好，并用不锈钢材料制成。内部结构如图3-10所示，压电式雨量传感器主要由振动片、压电元件、放大电路、壳体及阻尼橡胶构成。振动片接收雨滴冲击的能量，按自身固有振动频率进行弯曲振动，并将振动传递给内侧压电元件上，压电元件把从振动片传递来的变形转换成电压，电压大小与加到振动片上的雨滴能量成正比，一般为 0.5～300mV，经放大电路将压电元件上产生的电压信号放大后再输入刮水放大器中。放大器由晶体管、IC块、电阻和电容器等部件组成。

（4）红外线式雨量传感器 红外线式雨量传感器是根据光的折射原理工作的。如图3-11所示，在光学式传感器中有一个发光二极管，它发出一束锥形光线，这束光穿过前风窗玻璃。当风窗玻璃上没有雨水、处于干燥状态时，几乎所有的光都会反射到一个光学传感器上；当下雨时，风窗玻璃上会存有雨水，一部分光线就会偏离，这就造成了传感器接收到光总量的变化，从而检测到了雨量的大小。

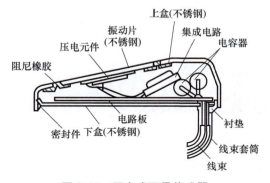

图3-10 压电式雨量传感器

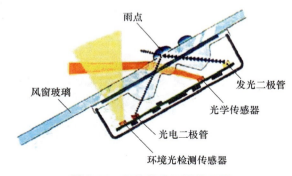

图3-11 红外线式雨量传感器

三、雪佛兰科鲁兹汽车感应式自动刮水器电路分析

1. 雪佛兰科鲁兹汽车感应式自动刮水器电路手动模式分析

如图3-12所示，雪佛兰科鲁兹汽车风窗玻璃刮水器电路手动模式主要由风窗玻璃刮水器/清洗器开关S82、BCM、风窗玻璃刮水器继电器KR12B、风窗玻璃刮水器速度控制继电器KR12C、风窗玻璃刮水器电动机等组成。其中，风窗玻璃刮水器/清洗器开关外形如图3-13a所示，风窗玻璃刮水器/清洗器开关左侧分为五档，从上到下依次为快速档、慢速档、间歇档、关闭档和喷水+慢速刮水档，右侧开关是用来在间歇模式下控制间隔时间的，分为5档，如图3-13b所示。各刮水模式工作过程如下：

（1）快速模式

1）BCM检测到风窗玻璃刮水器/清洗器开关S82置于"快速"位置。将风窗玻璃刮水器/清

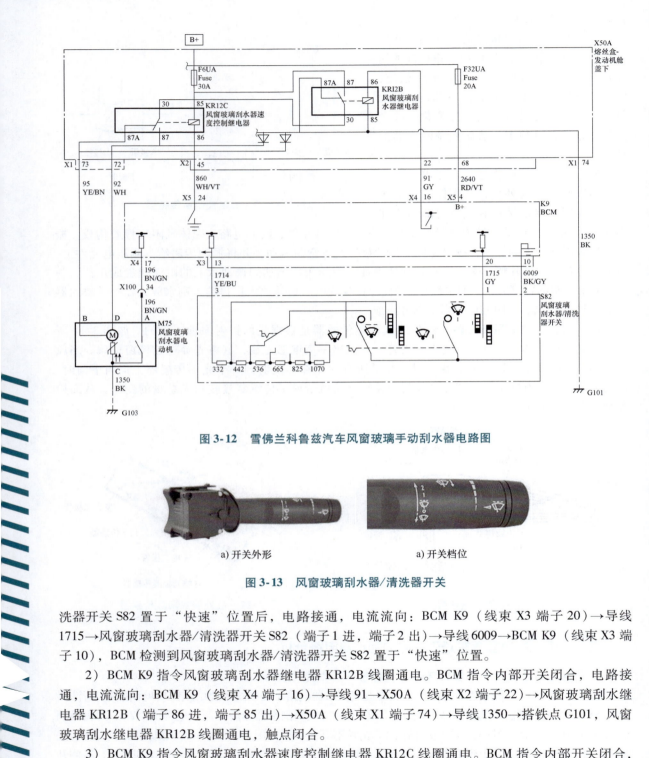

图 3-12 雪佛兰科鲁兹汽车风窗玻璃手动刮水器电路图

a) 开关外形　　　　　　　　　a) 开关档位

图 3-13 风窗玻璃刮水器/清洗器开关

洗器开关 S82 置于"快速"位置后，电路接通，电流流向：BCM K9（线束 X3 端子 20）→导线 1715→风窗玻璃刮水器/清洗器开关 S82（端子 1 进，端子 2 出）→导线 6009→BCM K9（线束 X3 端子 10），BCM 检测到风窗玻璃刮水器/清洗器开关 S82 置于"快速"位置。

2）BCM K9 指令风窗玻璃刮水器继电器 KR12B 线圈通电。BCM 指令内部开关闭合，电路接通，电流流向：BCM K9（线束 X4 端子 16）→导线 91→X50A（线束 X2 端子 22）→风窗玻璃刮水继电器 KR12B（端子 86 进，端子 85 出）→X50A（线束 X1 端子 74）→导线 1350→搭铁点 G101，风窗玻璃刮水继电器 KR12B 线圈通电，触点闭合。

3）BCM K9 指令风窗玻璃刮水器速度控制继电器 KR12C 线圈通电。BCM 指令内部开关闭合，电路接通，电流流向：汽车电源→X50A→熔丝 F6UA（30A）→风窗玻璃刮水器速度控制继电器 KR12C（端子 85 进，端子 86 出）→X50A（线束 X2 端子 45）→导线 860→BCM K9（线束 X5 端子 24），风窗玻璃刮水器速度控制继电器 KR12C 线圈通电，触点闭合。

4）电动刮水器高速运转。风窗玻璃刮水继电器 KR12B 和风窗玻璃刮水器速度控制继电器 KR12C 触点闭合后，电路接通，电流流向：汽车电源→X50A→熔丝 F6UA（30A）→风窗玻璃刮水继电器 KR12B（端子 87 进，端子 30 出）→风窗玻璃刮水器速度控制继电器 KR12C（端子 87 进，端子 30 出）→风窗玻璃刮水器电动机（端子 D 进，端子 C 出）→电路 1350→搭铁点 G103，电动刮水器高速运转。

（2）慢速模式

1）BCM 检测到风窗玻璃刮水器/清洗器开关 S82 置于"慢速"位置。将风窗玻璃刮水器/清洗器开关 S82 置于"慢速"位置后，电路接通，电流流向：BCM K9（线束 X3 端子 13）→导线 1714→风窗玻璃刮水器/清洗器开关 S82（端子 3 进，电阻 332Ω，端子 2 出）→导线 6009→BCM K9（线束 X3 端子 10），BCM 检测到风窗玻璃刮水器/清洗器开关 S82 置于"慢速"位置。

2）BCM K9 指令风窗玻璃刮水器继电器 KR12B 线圈通电。BCM 指令内部开关闭合，电路接通，电流流向：BCM K9（线束 X4 端子 16）→导线 91→X50A（线束 X2 端子 22）→风窗玻璃刮水继电器 KR12B（端子 86 进，端子 85 出）→X50A（线束 X1 端子 74）→导线 1350→搭铁点 G101，风窗玻璃刮水继电器 KR12B 线圈通电，触点闭合。

3）电动刮水器低速运转。风窗玻璃刮水继电器 KR12B 触点闭合后，电路接通，电流流向：汽车电源→X50A→熔丝 F6UA（30A）→风窗玻璃刮水继电器 KR12B（端子 87 进，端子 30 出）→风窗玻璃刮水器电动机（端子 B 进，端子 C 出）→导线 1350→搭铁点 G103，电动刮水器低速运转。

（3）间歇模式

1）BCM 检测到风窗玻璃刮水器/清洗器开关 S82 置于"间歇"位置。将风窗玻璃刮水器/清洗器开关 S82 置于"间歇"位置后，电路接通，电流流向：BCM K9（线束 X3 端子 13）→导线 1714→风窗玻璃刮水器/清洗器开关 S82（端子 3 进，电阻根据间歇时间档位选择不同，阻值端子 2 出）→导线 6009→BCM K9（线束 X3 端子 10），BCM 检测到风窗玻璃刮水器/清洗器开关 S82 置于"间歇"位置。

2）BCM K9 指令风窗玻璃刮水器继电器 KR12B 线圈通电。BCM 指令内部开关闭合，电路接通，电流流向：BCM K9（线束 X4 端子 16）→导线 91→X50A（线束 X2 端子 22）→风窗玻璃刮水继电器 KR12B（端子 86 进，端子 85 出）→X50A（线束 X1 端子 74）→导线 1350→搭铁点 G101，风窗玻璃刮水继电器 KR12B 线圈通电，触点闭合。

3）电动刮水器低速间歇运转。风窗玻璃刮水继电器 KR12B 触点闭合后，电路接通，电流流向：汽车电源→X50A→熔丝 F6UA（30A）→风窗玻璃刮水继电器 KR12B（端子 87 进，端子 30 出）→风窗玻璃刮水器电动机（端子 B 进，端子 C 出）→导线 1350→搭铁点 G103，电动刮水器低速运转。BCM K9 指令风窗玻璃刮水器继电器 KR12B 线圈断电后，电动刮水器停止运转。

2. 雪佛兰科鲁兹汽车感应式自动刮水器信号输入电路分解

雪佛兰科鲁兹汽车感应式自动刮水器电路信号输入电路如图 3-14 所示，将风窗玻璃刮水器/清洗器开关 S82 置于"DELAY（延迟）"位置后，车辆进入自动雨量感应工作模式，BCM 根据雨量传感器信号指令刮水器电动机选择"快速""慢速"或"间歇"工作模式，整个电路按功能可分解为雨量传感器电路和开关信号电路。

（1）雨量传感器电路　雨量传感器电路由导线 1340、导线 6132、导线 1550、BCM K9、搭铁点 G305 和雨量传感器元件 B117 组成，按功能可分解为如图 3-15 所示。

（2）开关信号电路　开关信号电路由电路 94、电路 6009、BCM 和风窗玻璃刮水器/清洗器开关 S82 组成，按功能可分解为如图 3-16 所示。

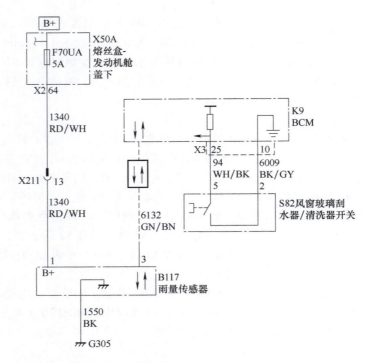

图3-14 雪佛兰科鲁兹汽车感应式自动刮水器电路信号输入电路

图3-15 雨量传感器电路功能分解图　　　图3-16 开关信号电路功能分解图

3. 雪佛兰科鲁兹汽车感应式自动刮水器电路手动模式信号电路故障分析

（1）雨量传感器电路　电路故障点分布图如图3-17所示。

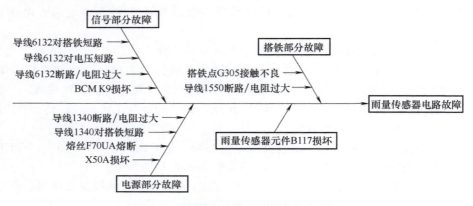

图3-17 雨量传感器电路故障点分布图

任务三 感应式自动刮水器系统检测与维修

（2）开关信号电路 电路故障点分布图如图 3-18 所示。

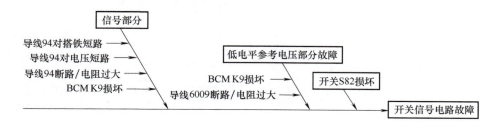

图 3-18 开关信号电路故障点分布图

一、雨量传感器电路检修计划

雨量传感器电路检修计划如图 3-19 所示。

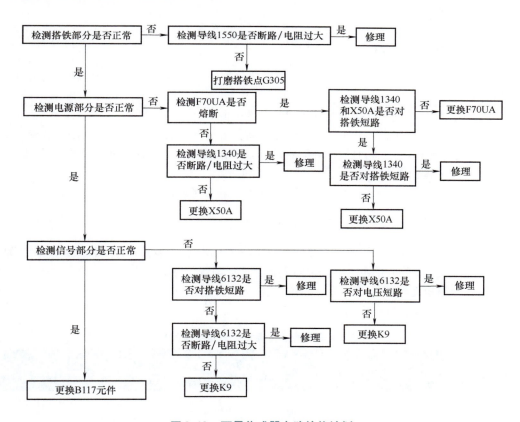

图 3-19 雨量传感器电路检修计划

二、开关信号电路检修计划

开关信号电路检修计划如图 3-20 所示。

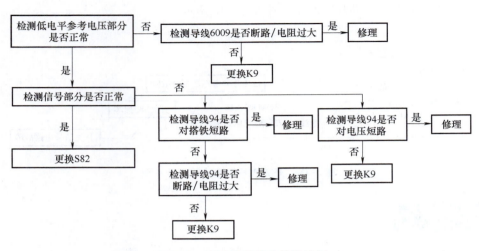

图 3-20 开关信号电路检修计划

一、安装车辆防护装置

1) 安装车轮挡块（或三角木）。注意：车轮挡块的安装位置可以是两个后轮，也可以是呈对角关系的前后轮。
2) 安装尾气排放系统，并接通尾气排放系统的电源。
3) 取车钥匙，解锁车辆，开车门，安装车内防护五件套（转向盘套、驻车制动杆套、变速杆手柄套、座椅套、地板垫），同时检查驻车制动杆处于拉紧位置，变速杆处于空档（手动变速器）或 P 位（自动变速器）位置。
4) 打开发动机舱盖，安装车外防护三件套（左、右翼子板布和前格栅布）。

二、感应式自动刮水器信号输入电路检测

将点火开关置于"OFF"位置，连接诊断仪至汽车 OBD 诊断插头，将点火开关置于"ON"位置，按照流程读取故障码并记录，根据故障码提示选择雨量传感器电路或开关信号电路进行检测。

1. 雨量传感器电路检测

雨量传感器电路各故障点检测方法见表 3-1。

表 3-1 雨量传感器电路各故障点检测方法

序号	检测目的	BCM-X6 插接器	B117 插接器	点火开关位置	检测设备/功能或档位	检测位置	正常值
1	搭铁部分是否正常	—	断开	OFF	万用表/200Ω	导线 1550（B117 端）—搭铁	<10Ω
2	导线 1550 是否断路/电阻过大	—	断开	OFF	万用表/200Ω	导线 1550 两端（先断开 G305 连接导线）	<2Ω
3	电源部分是否正常	—	断开	—	试灯	导线 1340（B117 端）—搭铁	发光正常

任务三 感应式自动刮水器系统检测与维修

（续）

序号	检测目的	BCM-X6 插接器	B117 插接器	点火开关位置	检测设备/功能或档位	检测位置	正常值
4	导线 1340 和 X50A 是否对搭铁短路	—	断开	OFF	万用表/200kΩ	X50A 内 F70UA 连接端 B117 侧—搭铁（注意先取下 F70UA）	无穷大
5	导线 1340 是否对搭铁短路	—	断开	OFF	万用表/200kΩ	测导线 1340（B117 端）—搭铁（注意先断开 X50A 线束 X2 插接器）	无穷大
6	导线 1340 是否断路/电阻过大	—	断开	OFF	万用表/200Ω	测导线 1340 两端（注意先断开 X50A 线束 X2 插接器）	<5Ω
7	信号部分是否正常	连接	断开	ON	万用表/DC—20V	导线 6132（B117 端）—搭铁	5~10V
8	导线 6132 是否对电压短路	断开	断开	ON	万用表/DC—20V	导线 6132（B117 端）—搭铁	<1V
9	导线 6132 是否对搭铁短路	断开	断开	OFF	万用表/200kΩ	导线 6132（B117 端）—搭铁	无穷大
10	导线 6132 是否断路/电阻过大	断开	断开	OFF	万用表/200Ω	导线 6132 两端	<2Ω

2. 开关信号电路检测

开关信号电路各故障点检测方法见表 3-2。

表 3-2 开关信号电路各故障点检测方法

序号	检测目的	S82 插接器	K9 插接器	点火开关位置	检测设备/功能或档位	检测位置	正常值
1	低电平参考电压部分是否正常	断开	连接	OFF	万用表/200Ω	导线 6009（B117 端）—搭铁	<10Ω
2	导线 6009 是否断路/电阻过大	断开	断开	OFF	万用表/200Ω	导线 6009 两端	<2Ω
3	信号部分是否正常	断开	连接	ON	诊断仪/数据流选项"风窗玻璃刮水器开关"	—	开关接通时显示"DELAY"，开关断开时显"OFF"
4	导线 94 是否对电压短路	断开	断开	ON	万用表/DC—20V	导线 94（B117 端）—搭铁	<1V
5	导线 94 是否对搭铁短路	断开	断开	OFF	万用表/200MΩ	导线 94（B117 端）—搭铁	无穷大
6	导线 94 是否断路/电阻过大	断开	断开	OFF	万用表/200Ω	导线 94 两端	<2Ω

三、故障维修

1）根据故障点，进行针对性修理。
2）复检并确认故障排除。
3）检修完成后，清洁场地，完成收尾工作。

1. 检查感应式自动刮水器是否检修完成的方法

1）将点火开关置于"ON（打开）"位置，确认 BCM 内不存在相关故障码。
2）将 S82 风窗玻璃刮水器/洗涤器开关置于间歇式延迟设置，用一个水瓶在 B117 雨量/环境光照传感器模块的区域内喷水。如果风窗玻璃刮水器低速工作说明感应式自动刮水器工作正常，否则说明感应式自动刮水器存在故障。

2. 感应式自动刮水器电路检修过程中的注意事项

1）断开 BCM 线束插接器前，应将点火开关置于"OFF"位置，断开蓄电池负极电缆，并静置车辆不少于 2min。
2）断开其他线束插接器前，应先将点火开关置于"OFF"位置。
3）拔插熔丝时，应注意感受其接触是否良好。

汽车刮水器除了电器故障外，最常见的主要是刮水片及相关的机械故障，为此，在使用、维修刮水器时，应注意以下方面：

1）定期检查刮水片。当发现刮水片严重磨损或脏污时，应及时更换或清洗，否则会降低刮水器的工作效能，影响驾驶人视线。
2）检查刮水器工作情况时，应先用水润湿风窗玻璃，否则会刮伤玻璃，同时由于刮水片摩擦阻力大，可能会烧坏电动机。接通刮水器开关后，应注意倾听电动机有无异响，尤其当电动机发出"嗡嗡"响声而不转动时，说明其机械部分已锈死或卡住，应立即断开刮水器开关，以防止烧坏电动机。
3）冬季使用刮水器时，若刮水片被冻住或被雪团卡住，应立即断开开关，清除冰块、雪团后方可继续使用，否则会因刮片阻力过大而烧坏电动机。
4）刮水器电动机大多是永磁直流电动机，其磁极多采用陶瓷材料，受冲击易损坏，故不要随意拆下电动机。

1. 考核要求

1）能正确安装车辆防护装置。
2）能正确读取并记录故障码。
3）能准确分析电路故障原因。
4）能正确使用工具、量具。
5）排除故障过程合理。

2. 配分与评分标准

配分与评分标准见表 3-3。

任务三 感应式自动刮水器系统检测与维修

表3-3 配分与评分标准

序号	作业项目	考核要求	配分	评分标准	考核记录	扣分	得分
1	劳动用品穿戴	劳动用品穿戴齐全	2	穿戴不全不得分			
2	正确选用工具、量具、材料	选用工具、量具、材料齐全准确	5	缺一件扣1分,选错一件扣1分,扣完为止			
3	根据故障现象,分析故障原因	运用正确方法确认故障,分析产生故障的原因,说出至少三种主要故障原因	25	故障确认不准确扣5~10分,分析原因不相关扣4~15分,每少说1项扣5分,扣完为止			
4	诊断故障	用正确的方法诊断故障	30	诊断方法错误扣5~10分,诊断步骤每错一步扣5~10分,诊断结果错误不得分			
5	排除故障	运用正确方法排除故障	20	不能排除扣10分			
				自制一处故障扣5分			
6	验证排除效果	按照要求验证排除效果	5	验证方法不当扣1~5分,不进行验证扣5分			
7	正确使用工具、用具	工具、用具使用正确	5	一种工具、用具使用不正确扣1分,扣完为止			
				损坏、丢失一件工具、用具不得分			
8	操作规程	操作规程执行情况	5	违反操作规程不得分			
9	清理现场	清理、擦洗并回收工具、用具	3	少收一件工具、用具扣1分,扣完为止			
				未回收不得分			
	合计		100				

任务四 车辆进入系统检测与维修

1. 能描述车辆进入系统的工作过程
2. 能分析车辆进入系统控制电路
3. 能列举车辆进入系统电路故障点
4. 能检修车辆进入系统电路故障

一辆雪佛兰科鲁兹汽车在使用过程中因车门开关不正常进厂维修，经初步检测后发现故障码"B3101 无钥匙进入数据链路电路"。维修人员需要在理解车辆进入系统工作原理的基础上分析电路图，并合理选用工具、仪器和设备，借助汽车维修手册等资料，诊断与排除该故障。

车辆进入系统包含车门、行李舱门和加油箱盖及其控制电路，主要采用集中控制的方式开闭，简称中控门锁。

一、普通汽车中控门锁

1. 中控门锁的功能

中控门锁是由驾驶人通过电路来集中控制门锁的开启或锁止，主要功能如下：

（1）中央控制功能 当驾驶人锁住（或打开）驾驶人侧车门门锁总开关时，其他几个车门及行李舱均同时锁住（或打开）；所有车门都可以通过右前或左前侧车门上的门锁钥匙同时关闭和打开。

（2）单独控制功能 乘员可利用各自车门上的开关来开关车门。

（3）安全功能 当钥匙已经从点火开关上取出而且车门也已经锁住时，车门不能用门锁控制开关打开。

（4）钥匙占用预防功能 如果点火钥匙仍在点火开关内，即使执行了锁门操作，所有车门也会自动打开（锁不上），此功能是为了防止钥匙还在点火开关内，在车外没有钥匙而将车门锁住。

（5）不用钥匙的动作功能 驾驶人和乘客的车门都关上，而且点火开关断开以后，电动车窗仍可以动作约60s。

（6）儿童安全锁的功能 儿童安全锁的开关一般安装在后车门的接合面上，如图4-1所示。当车门关闭后，在车厢内用门锁按键不能开门，只能使用车外的按键开门。

2. 中控门锁的主要部件

中控门锁一般由开关、门锁总成、门锁控制器和门锁执行机构四个部分组成。

（1）开关　中控门锁的开关主要有以下三种：

1）门锁开关。门锁开关是一个电路开关，其作用是控制门锁控制器的动作，接通或断开门锁执行机构的电路。一般由总开关和分开关组成，总开关一般安装在驾驶人侧车门的扶手上，驾驶人通过操纵总开关可将全车所有的车门锁住或打开；分开关分别安装在其他各个车门上，只能单独控制相应的车门。

图 4-1　儿童安全锁

2）钥匙控制开关。钥匙控制开关装在每个前门（或一个前门）上，当从车外使用钥匙开门或关门，钥匙控制开关便发出开门或锁门的信号给门锁控制器。

3）行李舱开启开关。行李舱开启开关位于仪表板下方，拉动此开关便能打开行李舱门。将钥匙插入行李舱锁孔内也可以打开行李舱门。

（2）门锁总成　如图 4-2 所示，门锁总成主要由门锁电动机、门锁开关、门锁位置开关、连接杆和外壳等组成。门锁电动机转动时，通过连接杆使门锁动作，利用电动机的正转和反转来实现车门的开锁和闭锁动作。

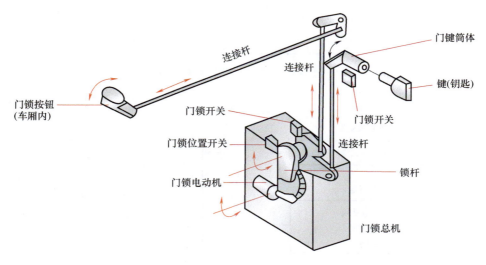

图 4-2　门锁总成的结构

（3）门锁控制器　门锁控制器也称为门锁继电器，其作用是控制门锁执行机构电路的接通和断开，一般安装在仪表板下方或熔断器盒内，其基本电路如图 4-3 所示。

（4）门锁执行机构　门锁执行机构的作用是根据电路中电流方向的不同，实现闭锁或开锁。常用的门锁执行机构有电磁线圈式、直流电动机式和气动式等，其中电磁线圈式和直流电动机式结构简单、容易安装和布置，因而被广泛使用。

二、无线遥控式中控门锁

如图 4-4 所示，无线遥控式中控门锁主要包括遥控发射器、遥控接收器、接收天线以及执行器四部分。驾驶人按下遥控器按键后，遥控器发出微弱的电波信号，接收天线接收电波信号后，经遥控接收识别后，再由该系统控制执行器执行开锁和闭锁的动作。

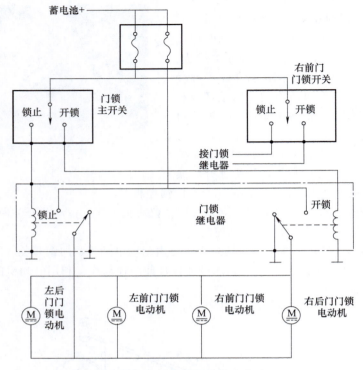

图 4-3 门锁控制器的基本电路

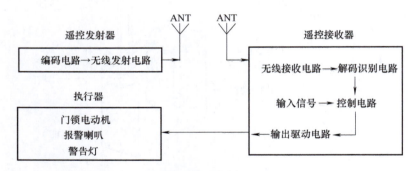

图 4-4 无线遥控式中控门锁系统的组成框图

1. 遥控发射器

遥控发射器简称遥控器，其功能是利用发射开关规定代码的遥控信号，控制驾驶人侧车门、其他车门、行李舱门等的开锁和上锁，且具有寻车功能。遥控发射器一般由编码电路、发射电路、开关键以及电池等组成，一般有 2~4 个按键，是一种小型的发射装置，可随身携带。遥控发射器的按键每按动一次，就向外发送一次信号。如图 4-5 所示，常见的遥控器分为分开型和组合型两种。

2. 遥控接收器

如图 4-6 所示，遥控接收器是一个智能控制单元，通常安装在车内较隐蔽的位置，用于接收遥控器发出的信号。遥控接收器对接收的信号进行放大和调制，并检查身份鉴定代码是否相符，当代码一致时，再识别功能代码，并驱动相应的执行器。遥控接收器可单独制成一个模块，也可以与门锁执行器、防盗控制模块等集成在一起。

任务四　车辆进入系统检测与维修

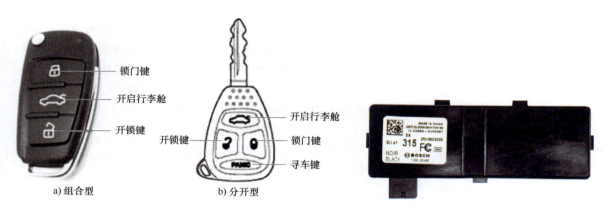

图 4-5　遥控发射器　　　　　　　　　图 4-6　雪佛兰科鲁兹汽车遥控接收器

3. 接收天线

接收天线的功用是接收遥控发射器输出的信号。接收电线可独立设置，也可以利用收音机天线或后风窗玻璃电热丝作为遥控接收器的接收天线。

4. 执行器

执行器主要指门锁电动机，带防盗功能的无线遥控式中控门锁还有报警喇叭、警告灯、电源继电器、燃油切断阀等。其中，警告灯一般与汽车转向信号灯共用，电源继电器和燃油切断阀通常安装在车内隐蔽的位置。

三、无钥匙进入和启动系统

1. 无钥匙进入系统

如图 4-7 所示，在车上不同区域内有 5 个低频天线（内部 3 个、外部 2 个），用以检测发射器的位置情况，当已编程的钥匙放在低频天线 1m 时，无须按下遥控发射器上的任何按键就能实现车门解锁与锁止、行李舱解锁与锁止、上车照明灯开启等功能。

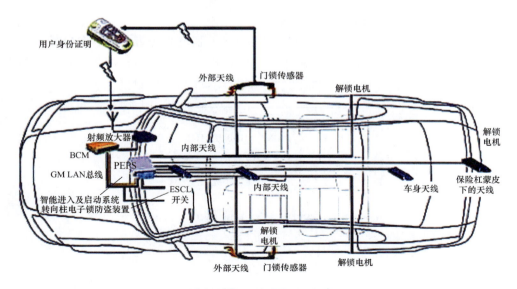

图 4-7　无钥匙进入系统部件的位置

2. 无钥匙启动（一键启动）系统

按下启动按钮，其内部两个触点闭合，其中一个传送给 BCM 一个搭铁信号，用来进行电源模式管理；另一个给遥控门锁控制模块一个搭铁信号，遥控门锁控制模块接收到该信号后，通过车内的两个低频天线向遥控门锁发射器发送一条校验口令，遥控门锁接收器接收遥控门锁发射器返回的校验应答口令，并将信号通过专线传给 BCM 进行合法性验证。如果通过验证，BCM 将允许起动机、喷油器和点火系统工作。当出现下面这些情况时，无钥匙启动系统将无法工作：

1）钥匙没电，包括钥匙的电池掉落。
2）车辆所处环境中存在与遥控门锁发射器频率近似的无线电波波段干扰。
3）无钥匙启动系统功能异常。

3. 无钥匙进入和启动系统的特点

1）五个低频天线只发射信号不接收信号，遥控门锁接收器则只接收信号而不发射信号，钥匙内的遥控门锁发射器则既接收信号也发射信号。
2）两前门把手内有两个元件，一个是低频天线，另一个是触摸锁车开关，两者集合为一个总成，共用一个插接器和元件代号。
3）锁块内有两个电机，一个是由遥控门锁控制模块驱动的解锁电机，只有解锁功能，另一个是由 BCM（K9）驱动的中央门锁执行器电机，既能解锁车门也能锁止车门。
4）遥控门锁控制模块不负责验证钥匙的合法性，BCM 才负责钥匙合法性的校验。
5）遥控门锁控制模块与 BCM 之间采用低速 GMLAN 总线通信，遥控门锁接收器 RFA 与 BCM 之间采用专线通信，防盗系统模块 TDM（K62）与 BCM 之间采用 LIN 线通信。
6）无钥匙进入系统在遥控门锁发射器电池耗尽、电量不足的情况下都将无法工作，遥控功能也将失去功能。此时只能采用机械开启驾驶人车门进入车内，并且只能采用应急启动方式起动发动机，锁车也只能采用机械的方式，车身防盗系统将不能被激活工作。
7）防盗系统模块只起信息采集、转换和传递的作用，没有防盗验证功能，BCM 才进行合法性验证。更换防盗系统模块 TDM 不需要进行维修编程，可以与其他车进行互换。

四、科鲁兹汽车无线遥控式中控门锁电路分析

1. 科鲁兹汽车无线遥控式中控门锁电路概述

科鲁兹汽车无线遥控式中控门锁电路有遥控门锁接收器电路（图 4-8）、车门锁（含油箱盖）执行器电路（图 4-9）、行李舱盖释放电路（图 4-10）和开关监测电路（图 4-11）。如图 4-12 所

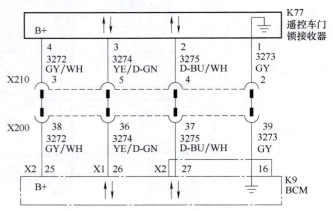

图 4-8　遥控门锁接收器电路

示，科鲁兹汽车钥匙上共有三个按钮，其作用分别是车门上锁、车门解锁和行李舱盖开启。

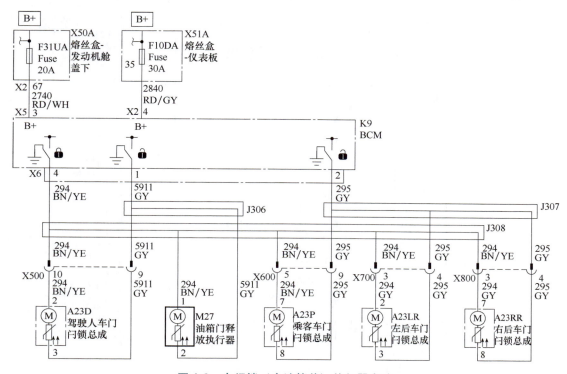

图 4-9　车门锁（含油箱盖）执行器电路

（1）**车门解锁**　按下"解锁"按钮，钥匙内的遥控门锁发射器发出相应信号，位于前风窗玻璃上的车内后视镜座盖内的遥控门锁接收器 K77 接收遥控门锁发射器发出的信号并传送给 BCM K9，BCM 接通内部开关。电流从 BCM K9（X6/端子 1）→导线 5911→插接器 J306→导线 5911→驾驶人车门闩锁总成 A23D 和油箱盖释放执行器 M27→BCM K9（X6/端子 2）→搭铁，驾驶人侧车门和油箱盖释放执行器打开，如图 4-9 所示。

（2）**车门上锁**　按下"上锁"按键，钥匙内的遥控门锁发射器发出相应信号，位于前风窗玻璃上的车内后视镜座盖内的遥控门锁接收器 K77 接收遥控门锁发射器发出的信号并传送给 BCM K9，BCM 接通内部开关。电流从 BCM K9（X6/端子 4）→导线 294→插接器 J308→导线 294→驾驶人车门闩锁总成 A23D、油箱盖释放执行器 M27、乘客车门闩锁总成 A23P、左后车门闩锁总成 A23LR 和右后车门闩锁总成 A23RR→插接器 J306 和插接器 J307→BCM K9（X6/端子 2 和 X6/端子 1），所有车门和油箱盖上锁，如图 4-9 所示。

（3）**行李舱开启**　长按"行李舱开启"按键，钥匙内的遥控门锁发射器发出相应信号，位于前风窗玻璃上的车内后视镜座盖内的遥控门锁接收器 K77 接收遥控门锁发射器发出的信号并传送给 BCM K9，BCM 接通内部开关。电流从 BCM K9（X5/端子 11）→导线 6188→熔丝盒 X51A→行李舱盖解锁继电器 KR95B（端子 3 进，端子 1 出）→熔丝盒 X51A→导线 6795→导线 1650→搭铁点 G201，行李舱盖解锁继电器 KR95B 线圈通电，触点闭合，电路接通。电流从电源→熔丝盒 X51A→行李舱盖解锁继电器 KR95B（端子 4 进，端子 5 出）→熔丝盒 X51A→导线 6795→行李舱盖锁电动机 M40（端子 1 进，端子 2 出）→导线 650→搭铁点 G309，行李舱盖锁电动机通电，行李舱盖打开。

2. 遥控门锁接收器电路分解

雪佛兰科鲁兹汽车遥控门锁接收器电路主要由导线 3272、导线 3273、导线 3274、导线 3275、

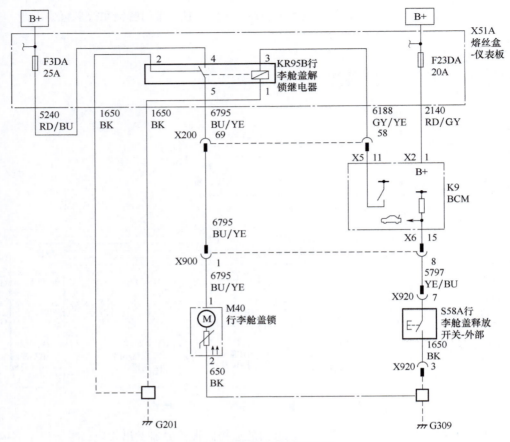

图 4-10　行李舱盖释放电路

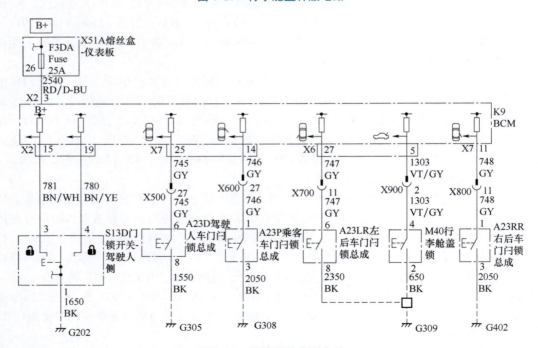

图 4-11　门锁开关监测电路

任务四　车辆进入系统检测与维修

遥控车门锁接收器 K77 和 BCM K9 组成，整个电路按功能可分解为如图 4-13 所示。

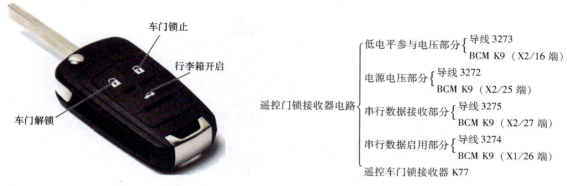

图 4-12　科鲁兹汽车钥匙

图 4-13　遥控门锁接收器电路功能分解图

3. 遥控车门锁接收器电路故障点分析

遥控车门锁接收器电路故障点分布如图 4-14 所示。

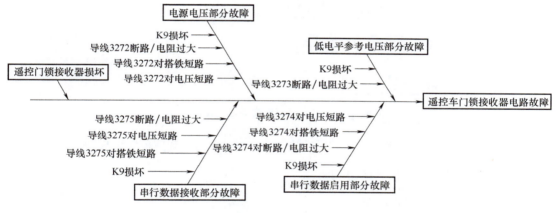

图 4-14　遥控车门锁接收器电路故障点分布

遥控车门锁接收器电路检修计划如图 4-15 所示。

一、安装车辆防护装置

1）安装车轮挡块（或三角木）。注意：车轮挡块的安装位置可以是两个后轮，也可以是呈对角关系的前后轮。

2）安装尾气排放系统，并接通尾气排放系统的电源。

3）取车钥匙，解锁车辆，开车门，安装车内防护五件套（转向盘套、驻车制动杆套、变速杆手柄套、座椅套、地板垫），同时检查驻车制动杆处于拉紧位置，变速杆处于空档（手动变速器）或 P 位（自动变速器）位置。

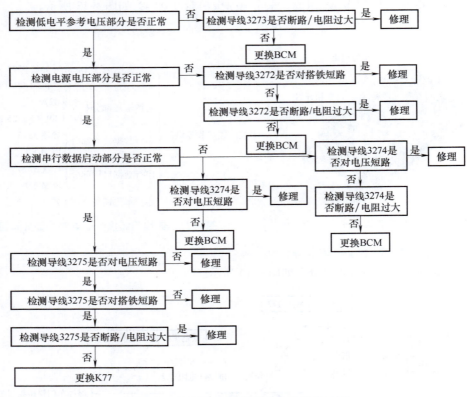

图 4-15　遥控车门锁接收器电路检修计划

4）打开发动机舱盖,安装车外防护三件套（左、右翼子板布和前格栅布）。

二、遥控车门锁接收器电路检测

遥控车门锁电路各故障点检测方法见表 4-1。

表 4-1　遥控车门锁电路各故障点检测方法

序号	检测目的	BCM-X2 插接器	BCM-X1 插接器	K77 插接器	点火开关位置	检测设备/功能或档位	检测位置	正常值
1	低电平参考电压部分是否正常	连接	—	断开	OFF	万用表/200Ω	导线 3273（K77端）—搭铁	<10Ω
2	导线 3273 是否断路/电阻过大	断开	—	断开	OFF	万用表/200Ω	导线 3273 两端	<2Ω
3	电源电压部分是否正常	连接	—	断开	ON	万用表/DC—20V	导线 3272（K77端）—搭铁	<1V
4	导线 3272 是否对搭铁短路	断开	—	断开	OFF	万用表/200MΩ	导线 3272（K77端）—搭铁	无穷大
5	导线 3272 是否断路/电阻过大	断开	—	断开	OFF	万用表/200Ω	导线 3272 两端	<2Ω

（续）

序号	检测目的	BCM-X2 插接器	BCM-X1 插接器	K77 插接器	点火开关位置	检测设备/功能或档位	检测位置	正常值
6	串行数据启动部分是否正常	连接	—	断开	ON	万用表/DC—20V	导线3274（K77端）—搭铁	3~6V
7	导线3274是否对电压短路	断开	断开	—	ON	万用表/DC—20V	导线3274（K77端）—搭铁	<1V
8	导线3274是否对搭铁短路	断开	断开	—	OFF	万用表/200kΩ	导线3274（K77端）—搭铁	无穷大
9	导线3274是否断路/电阻过大	断开	断开	—	OFF	万用表/200Ω	导线3274两端	<2Ω
10	导线3275是否对电压短路	断开	—	断开	ON	万用表/DC—20V	导线3275（K77端）—搭铁	<1V
11	导线3275是否对搭铁短路	断开	—	断开	OFF	万用表/200kΩ	导线3275（K77端）—搭铁	无穷大
12	导线3275是否断路/电阻过大	断开	—	断开	OFF	万用表/200Ω	导线3275两端	<2Ω

三、故障维修

1）根据故障点，进行针对性修理。
2）复检并确认故障排除。
3）检修完成后，清洁场地，完成收尾工作。

1. 判断无线遥控式中控门锁是否检修完成的方法

将点火开关置于"ON（打开）"位置，确认BCM内不存在相关故障码。分别按下遥控器各个按键，功能正常，说明无线遥控式中控门锁正常，否则为有故障。

2. 无线遥控式中控门锁电路检修过程中的注意事项

1）断开BCM线束插接器前，应将点火开关置于"OFF"位置，断开蓄电池负极电缆，并静置车辆不少于2min。
2）断开其他线束插接器前，应先将点火开关置于"OFF"位置。
3）拔插熔丝时，应注意感受其接触是否良好。

雪佛兰科鲁兹汽车无钥匙进入系统组成框图如图4-16所示，该系统可保证驾驶人携带发射器时在无须按下钥匙进入发射器上的任何按钮就能进入锁止的车辆。当驾驶人靠近汽车时，位于车辆上若干不同部位的低频天线可以检测附近1m范围内的已进行匹配编程的无线钥匙发射器。当按下车门外把手按钮或行李舱触摸垫时，低频天线向无钥匙进入发射器发送一条校验口令，发射器发送无线电频率响应到遥控车门锁接收器,由其与 BCM 通信。然后,BCM 处理该通信信号,并允许进入车辆。遥控钥匙在使用过程中如果出现以下现象,表明遥控钥匙内部电池电量不足:

1)遥控距离变短,本来 5m 就可以开门,现在必须要靠车很近才能开门。
2)开门的时候偶尔会失去功能,多按几次才能成功解锁。
3)按下按钮,指示灯比较暗。

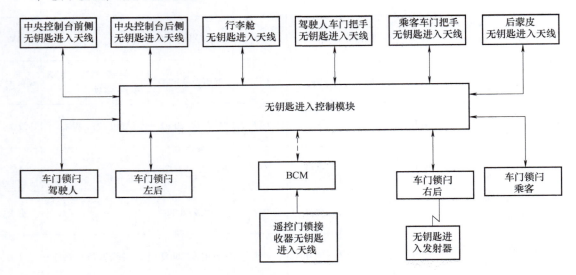

图 4-16 雪佛兰科鲁兹汽车无钥匙进入系统组成框图

1. 考核要求

1)能正确安装车辆防护装置。
2)能正确读取并记录故障码。
3)能准确分析电路故障原因。
4)能正确使用工具、量具。
5)排除故障过程合理。

2. 配分与评分标准

配分与评分标准见表 4-2。

表 4-2 配分与评分标准

序号	作业项目	考核要求	配分	评分标准	考核记录	扣分	得分
1	劳动用品穿戴	劳动用品穿戴齐全	2	穿戴不全不得分			
2	正确选用工具、量具、材料	选用工具、量具、材料齐全准确	5	缺一件扣 1 分,选错一件扣 1 分,扣完为止			
3	根据故障现象,分析故障原因	运用正确方法确认故障,分析产生故障的原因,说出至少三种主要故障原因	25	故障确认不准确扣 5~10 分,分析原因不相关扣 4~15 分,每少说 1 项扣 5 分,扣完为止			

任务四 车辆进入系统检测与维修

（续）

序号	作业项目	考核要求	配分	评分标准	考核记录	扣分	得分
4	诊断故障	用正确的方法诊断故障	30	诊断方法错误扣5~10分，诊断步骤每错一步扣5~10分，诊断结果错误不得分			
5	排除故障	运用正确方法排除故障	20	不能排除扣10分			
				自制一处故障扣5分			
6	验证排除效果	按照要求验证排除效果	5	验证方法不当扣1~5分，不进行验证扣5分			
7	正确使用工具、用具	工具、用具使用正确	5	一种工具、用具使用不正确扣1分，扣完为止			
				损坏、丢失一件工具、用具不得分			
8	操作规程	操作规程执行情况	5	违反操作规程不得分			
9	清理现场	清理、擦洗并回收工具、用具	3	少收一件工具、用具扣1分，扣完为止			
				未回收不得分			
	合计		100				

任务五　防盗报警系统检测与维修

1. 能描述汽车防盗系统的种类
2. 能描述汽车防盗系统的组成
3. 能分析汽车防盗系统电路
4. 能列举汽车防盗系统电路故障点
5. 能检修汽车防盗系统电路故障

一辆雪佛兰科鲁兹汽车在使用过程中因无法起动、安全指示灯常亮进厂维修，经初步检测后发现故障码"B2955 安全传感器数据回路"。维修人员需要在理解防盗报警系统工作原理的基础上分析电路图，并合理选用工具、仪器和设备，借助汽车维修手册等资料，诊断与排除该故障。

汽车防盗系统的作用是对无授权进入车内、起动汽车和拆卸防盗系统的行为进行监测，在检测到无授权侵入行为时，启动报警系统进行声光报警，并阻止汽车起动。

一、汽车防盗系统的种类

汽车防盗系统按其结构可分为机械式、电子式和网络式三大类，按其功能可分为阻止进入/移动车辆防盗系统、阻止起动发动机防盗系统和网络式卫星定位跟踪防盗系统三类。

1. 机械式防盗系统

机械式防盗系统是最早的防盗装置，主要是依靠锁定离合器、转向盘、变速杆等装置来达到防盗目的，它只防盗不报警，由于防盗锁安全性差，在汽车防盗系统中只起辅助作用。常见的机械式防盗系统有转向锁、转向盘锁、变速杆锁和轮胎锁等，但应用较多的是转向锁和转向盘锁两种。

（1）转向锁　转向锁在汽车出厂时就已经装好，用来锁上汽车转向盘上的转向柱。转向锁是通过操作点火开关实现的，带有转向锁的点火开关如图 5-1 所示，将点火开关置于"LOCK"或"0"位置时（图 5-2），转向锁上的锁杆就会伸出并嵌入转向柱凹孔内将转向柱锁止，如图 5-3 所

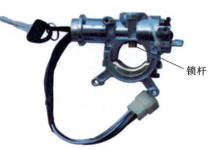

图 5-1　带转向锁的点火开关

示。此时，即使有人将车门非法打开并起动发动机，由于转向柱被锁止，不能转向，故而也不能将汽车开走，从而起到防盗的作用。

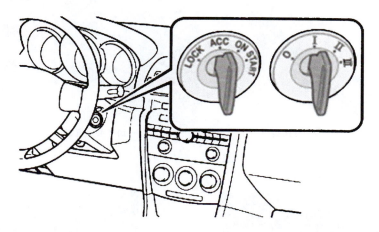

图 5-2　点火开关

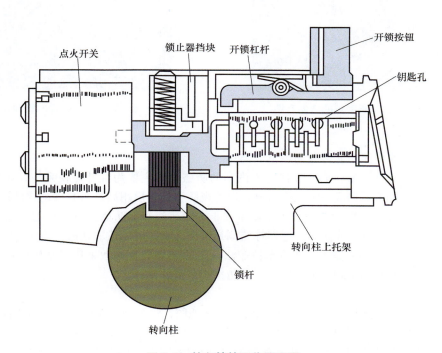

图 5-3　转向锁的工作原理图

（2）转向盘锁　由于转向盘锁使用方便，故而应用广泛，目前应用最多的三种类型如下：

1）转向盘锁的一端钩在转向盘上，另一端钩在离合器踏板上或者制动踏板上。锁定后转向盘不能转动，同时变速器也无法换档或者制动踏板无法踩下，如图5-4所示。

2）转向盘锁配备一根长钢棒，一端扣在转向盘上，另一端直接压靠在仪表盘上的装饰板上，如图5-5所示。

3）转向盘锁配备一根加长钢棒，直接挂在转向盘上面，使转向盘不能正常转动，如图5-6所示。

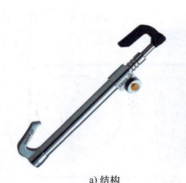
a) 结构

b) 安装示意图

图 5-4　转向盘锁

图 5-5　配备长钢棒的转向盘锁

图 5-6　配备加长钢棒的转向盘锁

2. 电子式防盗系统

电子式防盗装置按照功能可分为以下三类：

(1) 阻止非法进入汽车　阻止非法进入汽车的防盗装置主要为红外监视系统，布置在车辆内部周围的一组红外传感器构成一道无形帘幕，以监视防盗装置启用后是否有移动物体进入车内。

(2) 防止破坏或非法搬运车辆　防止破坏或非法搬运汽车的防盗装置主要通过布置在车内的超声波传感器、振动传感器或倾斜传感器等监测是否有人企图破坏或非法搬运汽车。

(3) 防止汽车被非法开走　防止汽车被非法开走的防盗装置多数采用带密码锁的遥控系统通过决定是否允许接通起动机和点火线圈等，以防止汽车被非法开走。

3. 网络式防盗系统

网络式防盗系统是利用 GPS 卫星定位系统和电子地图，将车辆所在位置传送到监控中心，具有车辆定位、车辆导航、防盗报警、防劫报警、远程遥控熄火、远程监听、远程调度指挥车辆等功能。

在监控中心的电子地图上可以显示车辆的直观位置，因此可以对移动车辆进行实时、集中、直观地监控和调度指挥。一旦车辆被盗或被抢，监控中心可立即实施远程控制，切断被盗或被抢车辆的油路和电路，防止车辆被移走。同时，从监控中心的电子地图上可第一时间知道被盗或被抢车辆所在的位置，从而保证公安或消防部门出动的警力能及时抵达现场处理险情。目前，网络式防盗系统已经在大型的物流公司、汽车出租公司和大型客运公司运用。

二、汽车防盗系统的组成

汽车防盗系统主要由防盗 ECU、门控开关、报警器（喇叭）、警告灯（驻车灯、近光灯）等组成，其基本结构如图 5-7 所示。启动后，防盗 ECU 根据车门开关、发动机舱盖开关、行李舱盖开关、点火开关和超声波传感器等输入信号对汽车的不正常状态和非授权进入进行监测，当判定出现不正常状态或非授权侵入时，ECU 将通过控制相应继电器使喇叭和报警器鸣响，使车灯和警告灯闪烁，发出声光报警信号，同时控制起动机、电动油泵和点火系统等电路，使汽车不能起动。声光信号持续报警时间可以进行预设，一般为 1~3min。

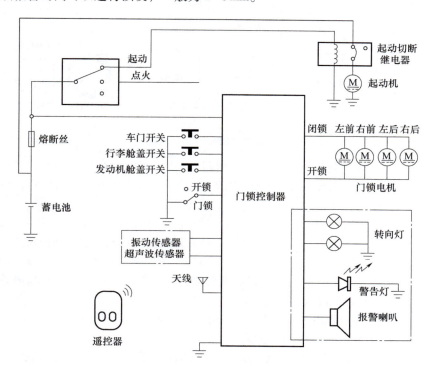

图 5-7　汽车防盗系统的基本结构

三、发动机防盗锁止系统

发动机防盗锁止系统是目前使用最多的汽车防盗技术。发动机防盗锁止系统是通过电子应答来判断用户使用的钥匙是否合法，并由此确定是否允许发动机 ECU 工作。若钥匙密码信号不符，或盗贼破坏车门车窗非法进入车辆内时，发动机 ECU 通过以下一个或数个措施使盗贼不能起动发动机或制止车辆行驶：

1）切断点火电路，使火花塞不能跳火。
2）切断供油电路，使喷油器或电动燃油泵不工作。
3）切断起动电路，使起动机无法转动。
4）锁死转向机构，使汽车无法转向。
5）锁死变速杆，使汽车无法挂档。
6）锁死制动器，使汽车无法行驶。

与此同时，防盗报警装置进入报警状态。

1）喇叭或蜂鸣器断续发出鸣叫声，可持续 3min 之久。
2）外部可见的前照灯、转向灯等忽明忽暗地反复闪亮。

1. 发动机防盗锁止系统的组成

发动机防盗锁止系统主要由带转发器和芯片的点火钥匙、带识读线圈和放大器的点火开关、防盗指示灯、防盗 ECU 和发动机 ECU 等组成，如图 5-8 所示。

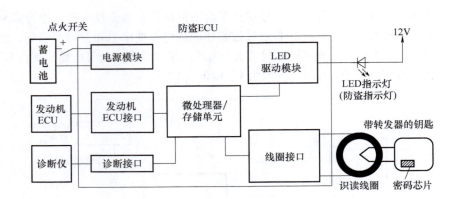

图 5-8　发动机防盗锁止系统的组成

(1) **点火钥匙**　点火钥匙带有转发器（发射器）。转发器内含有运算芯片和一个细小的电磁线圈，系统工作期间，该线圈与点火开关锁芯中的识读线圈以感应方式进行通信，以便在转发器芯片与防盗 ECU 之间传输各种信息。

(2) **点火开关**　点火开关带有识读线圈（收发线圈），识读线圈安装在点火开关锁芯上，通过导线与防盗 ECU 相连。识读线圈承担防盗 ECU 与转发器之间的数据信息传递的功能。

(3) **防盗 ECU**　防盗 ECU 是一个包括微处理器的电子控制器。在点火开关接通时，防盗 ECU 用于系统密码运算与比较，并控制整个防盗系统的通信，以便对防盗系统进行故障诊断、系统匹配、钥匙匹配、读取和清除故障码等操作。

(4) **防盗指示灯**　通过防盗指示灯不同的闪烁频率来表示防盗系统的工作状态。

2. 发动机防盗锁止系统的基本工作过程

发动机防盗锁止系统通过识读线圈来实现钥匙中的转发器与防盗 ECU 进行双向数据通信，进行密码识别。同时，防盗 ECU 与发动机 ECU 进行数据通信，进行密码识别。只有这两部分的密码均正确，防盗 ECU 才会发出确认信号，允许发动机 ECU 进入下一步工作，使发动机正常起动和运行。发动机防盗锁止系统工作过程大致可分为以下三个步骤：

(1) **点火钥匙发射钥匙密码信号**　当点火钥匙插入点火开关锁心后，识读线圈产生变化的磁场，点火钥匙内置芯片内的电感小线圈感应电场，其感应的电场能被芯片内电容储存起来。点火钥匙内的芯片就利用这一电能将钥匙密码以电磁脉冲信号发射出去，如图 5-9 所示。

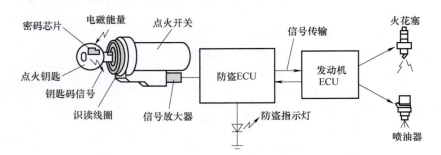

图 5-9　点火钥匙发射钥匙密码信号

(2) **点火钥匙与防盗 ECU 匹配**　点火钥匙密码的电磁脉冲信号被识读线圈天线感应接收，识读线圈将钥匙密码脉冲信号经点火开关后端的信号放大器放大后被送至防盗 ECU 内的钥匙密码比较电路，比较电路将接收到的钥匙密码与预先储存在防盗 ECU 的钥匙码密码（首次匹配钥匙时储存）进行比较，如果相同则进入下一步，如图 5-10 所示。

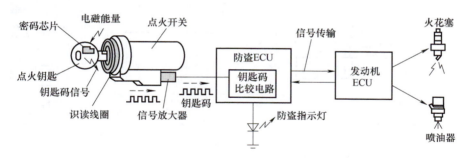

图 5-10　点火钥匙与防盗 ECU 匹配

（3）防盗 ECU 与发动机 ECU 匹配　发动机 ECU 向防盗 ECU 发出一个联络代码，防盗 ECU 经过辨认识别（匹配）后，如果密码正确，就发出一个允许发动机正常起动的指令代码给发动机 ECU，发动机 ECU 接收该指令信号，使正常的喷油、点火程序继续执行，发动机正常起动、工作。发动机 ECU 如果接收不到防盗 ECU 的指令代码信号，将会自动切断喷油、点火程序，发动机自动熄火，如图 5-11 所示。

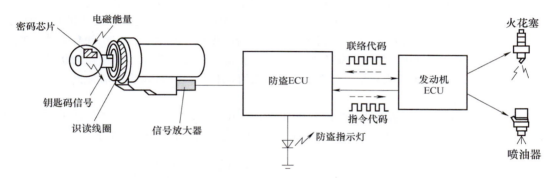

图 5-11　防盗 ECU 与发动机 ECU 匹配

四、雪佛兰科鲁兹汽车防盗报警系统电路分析

如图 5-12 所示，雪佛兰科鲁兹汽车防盗报警系统主要由安全防盗系统控制模块、防盗指示灯、喇叭、前照灯和门锁开关等组成。

1. 科鲁兹汽车防盗系统的主要部件

（1）BCM　安全防盗报警是 BCM 其中的一个功能，当它检测到非法进入车辆时，就会激活喇叭并点亮车外灯（近光灯、尾灯、示宽灯）。BCM 有解除、待机、启动和报警四种控制安全防盗系统的基本模式。解除状态是安全防盗系统的默认状态，当点火开关置于"OFF（关闭）"位置或使用电动门锁开关或者发射器的"LOCK（锁止）"按钮锁上车门后，安全防盗系统进入待机状态。当车门全部关上后，15s 的计时器将被激活，一旦计时器完成计时，BCM 进入启动模式。当检测到强行进入时，BCM 会进入报警模式，BCM 会激活喇叭并点亮车外灯 30s。30s 报警后暂停 3min。如果在暂停之后没有发现新的入侵，喇叭不发声。在系统暂停退出警报模式之后，必须解除系统或解除入侵条件。

（2）安全指示灯　安全指示灯位于仪表板内，在发动机起动前，安全防盗系统使用安全指示灯向驾驶人展示安全防盗系统的状态。

（3）车门微开开关　安全防盗系统使用车门微开开关监测车门开关的状态，当安全防盗系

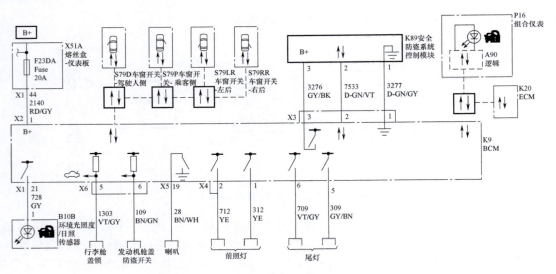

图 5-12　雪佛兰科鲁兹汽车防盗报警系统电路图

启动时，如果 BCM 收到指示车门打开的信号，BCM 激活喇叭、相关车灯警报。

（4）发动机舱盖微开开关　安全防盗系统使用发动机舱盖微开开关监测发动机舱盖的状态，当安全防盗系统启动时，如果 BCM 收到指示发动机舱盖已被打开的信号，BCM 就会激活警报。

（5）行李舱盖微开开关　安全防盗系统使用行李舱盖微开开关监测行李舱盖的状态，当安全防盗系统启动时，如果 BCM 收到指示行李舱盖已被打开的信号，BCM 就会激活警报。

2. 电路分解

雪佛兰科鲁兹汽车安全防盗系统控制模块电路主要由导线 3276、导线 3277、导线 7533、安全防盗系统控制模块 K89 和 BCM 等组成，整个电路按功能可分解为如图 5-13 所示。

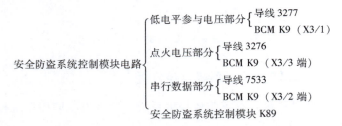

图 5-13　安全防盗系统控制模块电路功能分解图

3. 故障分析

安全防盗系统控制模块电路故障点分布如图 5-14 所示。

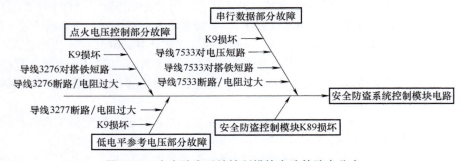

图 5-14　安全防盗系统控制模块电路故障点分布

制订计划

安全防盗系统控制模块电路故障检测计划如图 5-15 所示。

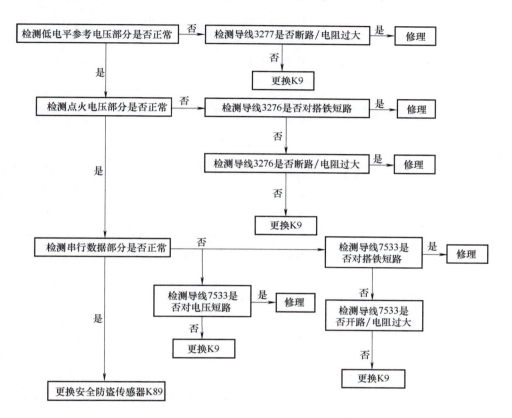

图 5-15　安全防盗系统控制模块电路故障检测计划

一、安装车辆防护装置

1）安装车轮挡块（或三角木）。注意：车轮挡块的安装位置可以是两个后轮，也可以是呈对角关系的前后轮。

2）安装尾气排放系统，并接通尾气排放系统的电源。

3）取车钥匙，解锁车辆，开车门，安装车内防护五件套（转向盘套、驻车制动杆套、变速杆手柄套、座椅套、地板垫），同时检查驻车制动杆处于拉紧位置，变速杆处于空档（手动变速器）或 P 位（自动变速器）位置。

4）打开发动机舱盖，安装车外防护三件套（左、右翼子板布和前格栅布）。

二、安全防盗系统控制模块电路检测

安全防盗系统控制模块电路各故障点检测方法见表 5-1。

表 5-1 安全防盗系统控制模块电路各故障点检测方法

序号	检测目的	BCM-X3 插接器	K89 插接器	点火开关位置	检测设备/功能或档位	检测位置	正常值
1	低电平参考电压部分是否正常	连接	断开	OFF	万用表/200Ω	导线3277（K89端）—搭铁	<5Ω
2	导线3277是否断路/电阻过大	断开	断开	OFF	万用表/200Ω	导线3277两端	<2Ω
3	点火电压部分是否正常	连接	断开	ON	万用表/DC—20V	导线3276（K89端）—搭铁（注意：在点火开关接通3s内检测）	>9V
4	导线3276是否对搭铁短路	断开	断开	OFF	万用表/200kΩ	导线3276（K89端）—搭铁	无穷大
5	导线3276是否断路/电阻过大	断开	断开	OFF	万用表/200Ω	导线3276两端	<2Ω
6	串行数据部分是否正常	连接	断开	ON	万用表/DC—20V	测导线7533（K89端）—搭铁	>4V
7	导线7533是否对搭铁短路	断开	断开	OFF	万用表/200kΩ	导线7533（K89端）—搭铁	无穷大
8	导线7533是否对电压短路	断开	断开	ON	万用表/DC—20V	导线7533（K89端）—搭铁	<1V
9	导线6132是否对搭铁短路	断开	断开	OFF	万用表/200Ω	导线7533两端	<2Ω

三、故障维修

1）根据故障点，进行针对性修理。
2）复检并确认故障排除。
3）检修完成后，清洁场地，完成收尾工作。

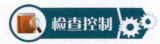

1. 检查防盗报警系统是否检修完成的方法

将点火开关置于"ON（打开）"位置，确认BCM内不存在相关故障码。

2. 防盗报警系统电路检修过程中的注意事项

1）断开BCM线束插接器前，应将点火开关置于"OFF"位置，断开蓄电池负极电缆，并静置车辆不少于2min。
2）断开其他线束插接器前，应先将点火开关置于"OFF"位置。
3）拔插熔丝时，应注意感受其接触是否良好。

汽车在维修过程中，如果出现更换ECM、防盗控制模块和汽车钥匙等情况，需要对汽车钥匙

进行重新匹配。防盗模块内有特定的14位识别码及4位密码,可在随车手册注明的位置找到印有这两个号码的纸条,只有借助诊断仪及防盗密码才能进行汽车钥匙匹配。匹配汽车钥匙时应注意以下事项:

1)匹配全部汽车钥匙的操作不能超过30s,如果只是插入汽车钥匙而没有接通点火开关,那么,这把汽车钥匙匹配无效。

2)如果系统在读汽车钥匙的过程中发现错误,如将已匹配过的钥匙再次进行匹配等,防盗警告灯将会以2次/s的频率闪烁,读取汽车钥匙过程自动中断。

3)每次匹配汽车钥匙的过程顺利完成后,防盗警告灯将会熄灭。

4)当汽车钥匙匹配完毕后,应查询一下,是否有故障码存在,如果没有故障码存在,说明汽车钥匙的匹配工作已经完成。

5)如果匹配的汽车钥匙中脉冲转发器是坏的,或者汽车钥匙中没有脉冲转发器,故障诊断仪将显示功能不清楚或此功能不能执行。

1. 考核要求

1)能正确安装车辆防护装置。
2)能正确读取并记录故障码。
3)能准确分析电路故障原因。
4)能正确使用工具、量具。
5)排除故障过程合理。

2. 配分与评分标准

配分与评分标准见表5-2。

表5-2 配分与评分标准

序号	作业项目	考核要求	配分	评分标准	考核记录	扣分	得分
1	劳动用品穿戴	劳动用品穿戴齐全	2	穿戴不全不得分			
2	正确选用工具、量具、材料	选用工具、量具、材料齐全准确	5	缺一件扣1分,选错一件扣1分,扣完为止			
3	根据故障现象,分析故障原因	运用正确方法确认故障,分析产生故障的原因,说出至少三种主要故障原因	25	故障确认不准确扣5~10分,分析原因不相关扣4~15分,每少说1项扣5分,扣完为止			
4	诊断故障	用正确的方法诊断故障	30	诊断方法错误扣5~10分,诊断步骤每错一步扣5~10分,诊断结果错误不得分			
5	排除故障	运用正确方法排除故障	20	不能排除扣10分			
				自制一处故障扣5分			
6	验证排除效果	按照要求验证排除效果	5	验证方法不当扣1~5分,不进行验证扣5分			

（续）

序号	作业项目	考核要求	配分	评分标准	考核记录	扣分	得分
7	正确使用工具、用具	工具、用具使用正确	5	一种工具、用具使用不正确扣1分，扣完为止			
				损坏、丢失一件工具、用具不得分			
8	操作规程	操作规程执行情况	5	违反操作规程不得分			
9	清理现场	清理、擦洗并回收工具、用具	3	少收一件工具、用具扣1分，扣完为止			
				未回收不得分			
	合计		100				

任务六　驻车辅助系统检测与维修

1. 能描述驻车辅助系统的组成和功能
2. 能描述驻车辅助系统的工作过程
3. 能识别驻车辅助系统各个部件并叙述各部件的作用
4. 能分析雪佛兰科鲁兹倒车雷达电路图
5. 能诊断与排除雪佛兰科鲁兹倒车雷达故障

一辆雪佛兰科鲁兹汽车在使用过程中因倒车雷达异常进厂维修,经初步检测后发现故障码"B0958　驻车辅助后部传感器左侧拐角电路对蓄电池短路"。维修人员需要在理解驻车辅助系统工作原理的基础上分析电路图,并合理选用工具、仪器和设备,借助汽车维修手册等资料,诊断与排除该故障。

驻车辅助是指汽车泊车或者倒车时的安全辅助装置,目前起主要作用的部件是倒车摄像头和车载显示器组成的驻车辅助系统,倒车时在车前显示器可以显示车后倒车摄像头的实时视频,从而起到倒车更安全,次要作用的部件有超声波传感器、控制器和显示器(或蜂鸣器)等。

一、倒车雷达系统

1. 倒车雷达系统的组成

仅装备倒车雷达的驻车辅助系统又称为倒车警报系统(Back Warning System)。目前汽车上的驻车辅助系统一般都是利用超声波的反射原理,在低速倒车时检测驾驶人用眼睛无法监视死角地带的障碍,距离超过探测时以警告音方式警告驾驶人,避免可能发生的碰撞事故。该系统在汽车上的安装位置如图6-1所示,主要部件如下:

(1) **超声波传感器**　超声波传感器俗称为探头、声呐和雷达等,外形如图6-2所示。根据安装位置的不同可以分

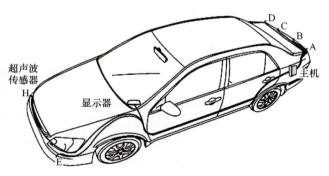

图6-1　倒车雷达系统的组成与安装位置

为车前超声波传感器和车后超声波传感器,车后保险杠内安装位置如图6-3所示。超声波传感器通电后发出超声波信号,碰到障碍物时,再将返回原信号送给控制单元进行处理。常用超声波传感器的工作频率有40kHz、48kHz和58kHz三种。一般来说,频率越高,灵敏度越高,但水平与垂直方向的探测角度就越小,故一般采用40kHz的超声波传感器。

图6-2 超声波传感器的外形

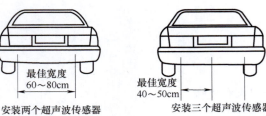

图6-3 车后超声波传感器安装位置

(2) **控制单元** 当倒档开关接通时,控制单元进行自检。如果在自检过程中发现故障,控制单元将驱动蜂鸣器工作。自检结束后将接收传感器发来的信号,根据超声波的发射和接收时间来确定车辆后部障碍物的距离,并根据距离的远近,发出不同的指令,使蜂鸣器间断发音或连接发音。

(3) **显示器或蜂鸣器** 显示器或蜂鸣器一般安装在靠近驾驶人的前部,当有障碍物时,蜂鸣器发出报警声,避免事故的发生。配备显示器的倒车雷达系统可显示与障碍物之间的距离,可以精确认定车辆与障碍物之间的距离。

2. 倒车雷达系统的工作原理

如图6-4所示,驾驶人将变速器的档位挂入R位,倒车雷达系统即进入工作状态。后超声波传感器向汽车后部发出超声波,前超声波传感器向汽车前部发出超声波,当发射的超声波遇到障碍物时,会有反射波产生,这些反射波被超声波传感器接收后,控制单元就会利用反射波计算出障碍物与超声波传感器之间的距离,由显示器显示距离。当车辆与障碍物相距1.5m时,蜂鸣器会发出间断报警声,提醒驾驶人在系统有效范围内探测到障碍物出现。当障碍物越近,声音越急促,如距离小于0.25m,则连续发出报警声。

图6-4 超声波雷达系统工作原理图

3. 倒车雷达系统的使用注意事项

1) 超声波传感器表面结冰时,可能不工作,除冰后才能正常工作。
2) 超声波传感器表面被异物堵住时,系统也不能正常工作。
3) 过冷、过热时,会影响系统的正常工作。
4) 直径很小、很细长的物体,可能检测不到。

5）在铁路、石块路、坡路、草丛中倒车时，可能会误报警。
6）雪会吸收超声波，因而障碍物为雪时，不能正常工作。
7）车辆的强烈振动、摩托车发动机声、大型车辆气制动等，也会影响系统的正常工作。
8）暴雨或车辆遭喷水，也会影响本系统的工作。
9）在传感器周围使用无线电发射装置时，会引起误操作。

二、倒车影像系统

倒车影像（Vehicle Backup Camera）又称为倒车可视系统、车载监控系统等，当挂入倒档时，该系统会自动接通位于车尾的摄像头，将车后状况显示于中控或后视镜的液晶显示屏上，以辅助驾驶人进行倒车操作。

1. 倒车影像系统的结构

如图6-5所示，倒车影像系统主要由摄像头、带视频输入的显示单元和倒车影像控制单元组成。倒车摄像头是一个广角摄像头，用于呈现车辆后方区域的影像，一般安装在行李舱的手柄上或牌照灯旁边。倒车影像控制单元负责向摄像头供电并处理来自倒车摄像头的图像，若图像符合规定的要求，将其直接传送至显示屏并添加辅助线，若图像不符合规定的要求，则对图像进行校正后再传送至显示屏并添加辅助线。显示单元显示经过处理的影像和辅助线。

图6-5 倒车影像在汽车上的位置

2. 倒车影像与倒车雷达相比的优缺点

1）优点：安装简单，一般普通单路输出的倒车影像仅需要把电源连接线（+）接到汽车倒车灯电源，电源连接线（-）接到搭铁，摄像头选取易安装的位置开孔安装即可；车辆挂上倒档后，车尾实物景象一目了然，方便驾驶人判断。

2）缺点：倒车影像在倒车时需要驾驶人先观察显示屏里面的动态，而倒车雷达可以在观察左边的时候，如果右边有障碍物离车较近的时候，也能发出声音提醒。

三、自动泊车系统

自动泊车系统（Automated Parking System，APS）又称为自动泊车入位，其作用是不需要人工干预，汽车可通过车载传感器（泊车雷达）和车载处理器来实现自动识别可用车位，并自动正确地完成停车入车位动作的系统。

1. 自动泊车系统的结构

自动泊车系统一般由环境感知系统、控制单元和执行系统组成。

（1）**环境感知系统** 环境感知系统的主要任务是探测环境信息，如寻找可用车位，实现在泊车过程中实时探测车辆的位置信息和车身状态信息。在车位探测阶段，采集车位的长度和宽度。在泊车阶段，监测汽车相对于目标停车位的位置坐标，进而用于计算车身的角度和转角等信息，确保泊车过程的安全可靠。

（2）**控制单元** 控制单元是自动泊车系统的核心部分，主要任务是接收传感器采集到的信息，计算车位的有效长度和宽度，判断车位是否可用；规划泊车路径，根据停车位和汽车的相对位置，计算最优泊车路径，并生成相应的控制命令。

（3）**执行系统** 执行系统主要包括电动助力转向系统和汽车发动机电控系统，电动助力转向系统将数字控制量转化为转向盘角度，控制汽车的转向。汽车发动机电控系统控制汽车节气门开度等，从而控制汽车泊车速度，两者协调配合完成泊车过程。

2. 自动泊车系统的工作过程

自动泊车系统的主要工作过程如下：

（1）**泊车准备**（车位识别） 在车速小于30km/h时按下自动泊车开关，开始监测车位。如果系统未找到泊车位，且自动泊车辅助系统内也未储存任何泊车位时，仪表将提示驾驶人继续向前行驶，如图6-6所示。如果系统找到一个泊车位，但是车辆所在的泊车起始位置不满足进行泊车的条件，仪表将提示驾驶人继续向前行驶，如图6-7所示。如果系统找到一个泊车位并且车辆处于最佳位置，则仪表提示驾驶人制动至车辆静止，挂入倒档，并在静止时间（0.5s）后开动车辆，如图6-8所示。

注意：系统默认靠右侧停车，如果驾驶人打开左侧转向灯，车辆将自动寻找左侧泊车位置。

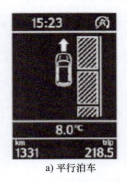
a）平行泊车

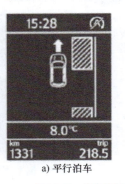
b）垂直泊车

图6-6 未找到任何泊车位

a）平行泊车 　　　　b）垂直泊车

图6-7 车辆起始位置不满足泊车条件

a）平行泊车

b）垂直泊车

图6-8 找到一个泊车位并且车辆处于最佳位置

（2）泊车入位　自动泊车开始后，首先启动自动转向功能，组合显示"目标转向启动，请注意周围环境"以提示驾驶人，自动转向已开始干预，驾驶人应注意周边环境，以便在不确定或有危险的情况下中止汽车过程，如图6-9所示。在泊车过程中，自动转向提示后，自动泊车系统开始控制转向盘，并通过仪表侧边行进条显示车尾距离泊车位底线的距离，如图6-10所示。车辆位置到达与后车最小距离时，车辆制动，系统通过仪表提示驾驶人将变速器置于D位，如图6-11所示。

注意：在泊车的过程中，可能需要前进和后退数次方能完成泊车。

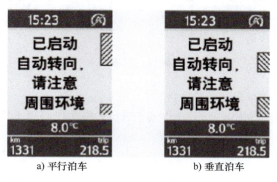

图6-9　自动转向启动

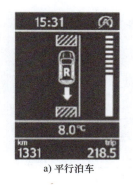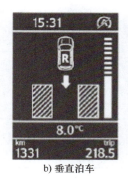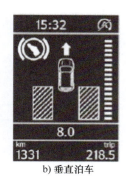

　　　a) 平行泊车　　　　　b) 垂直泊车　　　　　　　　　　a) 平行泊车　　　　　b) 垂直泊车

图6-10　车辆后行　　　　　　　　　　　　　　　　　图6-11　车辆前行

（3）结束自动转向　车辆已停入泊车位的最佳位置，泊车过程结束，组合仪表显示"自动泊车结束，请接管转向盘"并发出提示音，如图6-12所示。

四、雪佛兰科鲁兹驻车辅助系统电路分析

雪佛兰科鲁兹驻车辅助系统主要由驻车辅助控制模块、前物体警报传感器、后物体警报传感器、驻车辅助系统开关和驻车辅助系统开关指示灯等部件组成。其作用是：在以低于8km/h的车速前进或倒车时，通过四个位于前保险杠上、四个位于后保险杠上的物体传感器识别障碍物，使用收音机的嘟声信号提醒驾驶人车辆行驶路径中的物体。科鲁兹驻车辅助系统可以检测宽度大于7.6cm和高度大于25.4cm的物体。前物体警报传感器的测量范围为30~120cm。从120cm处开始，声音信号启动。蜂鸣声的频率随着距离的减小而增大。距离小于30cm时，声音将会持续。后物体警报传感器的测量范围为30~250cm，从250cm处开始，声音信号启动。蜂鸣声的频率随着距离的减小而增大。距离小于30cm时，声音将会持续。

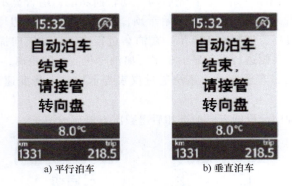

a) 平行泊车　　b) 垂直泊车

图6-12　泊车结束

1. 雪佛兰科鲁兹汽车倒车雷达电路分析

雪佛兰科鲁兹汽车倒车雷达电路图如图6-13所示，整个电路以K41R后部驻车辅助控制模块为中心，电路分解如图6-14所示。

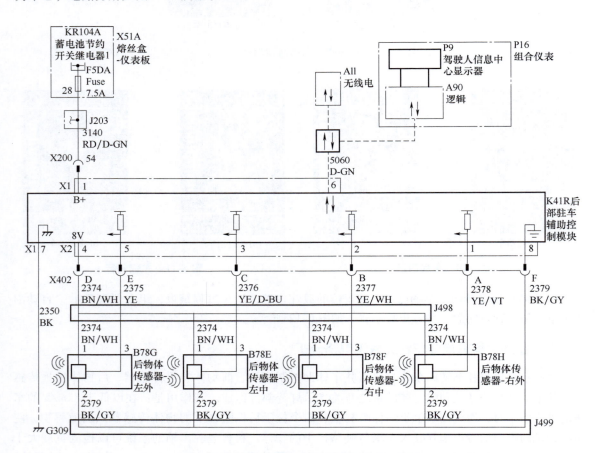

图6-13　雪佛兰科鲁兹汽车倒车雷达电路图

2. 故障分析

电路故障码与设置条件见表6-1，故障点分布如图6-15所示。

任务六　驻车辅助系统检测与维修

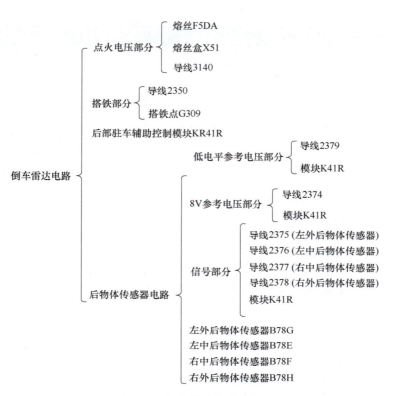

图 6-14　倒车雷达电路分解图

表 6-1　雪佛兰科鲁兹汽车倒车雷达电路故障码与设置条件

序号	故障码	名　　称	设 置 条 件
1	B0958 01	驻车辅助后部传感器左侧拐角电路对蓄电池短路	驻车辅助控制模块已检测到传感器电路的电压高于11.5V或物体传感器未搭铁
2	B0958 06	驻车辅助后部传感器左侧拐角电路电压过低/断路	驻车辅助控制模块已检测到传感器电路的电压低于0.5V
3	B0958 08	驻车辅助后部传感器左侧拐角电路性能—信号无效	驻车辅助控制模块接收到一个无效信号
4	B0958 21	驻车辅助后部传感器左侧拐角电路周期错误	车辆行驶时，物体传感器确定物体位置无变化
5	B0958 3A	驻车辅助后部传感器左侧拐角电路安装了错误的部件	驻车辅助控制模块确认已安装了错误类型的传感器
6	B0959 01	驻车辅助后部传感器左侧中间电路对蓄电池短路	驻车辅助控制模块已检测到传感器电路的电压高于11.5V或物体传感器未搭铁
7	B0959 06	驻车辅助后部传感器左侧中间电路电压过低/断路	驻车辅助控制模块已检测到传感器电路的电压低于0.5V
8	B0959 08	驻车辅助后部传感器左侧中间电路性能-信号无效	驻车辅助控制模块接收到一个无效信号
9	B0959 21	驻车辅助后部传感器左侧中间电路周期错误	车辆行驶时，物体传感器确定物体位置无变化
10	B0959 3A	驻车辅助后部传感器左侧中间电路安装了错误的部件	驻车辅助控制模块确认已安装了错误类型的传感器

(续)

序号	故障码	名称	设置条件
11	B0960 01	驻车辅助后部传感器右侧中间电路对蓄电池短路	驻车辅助控制模块已检测到传感器电路的电压高于11.5V或物体传感器未搭铁
12	B0960 06	驻车辅助后部传感器右侧中间电路电压过低/断路	驻车辅助控制模块已检测到传感器电路的电压低于0.5V
13	B0960 08	驻车辅助后部传感器右侧中间电路性能-信号无效	驻车辅助控制模块接收到一个无效信号
14	B0960 21	驻车辅助后部传感器右侧中间电路周期错误	车辆行驶时,物体传感器确定物体位置无变化
15	B0960 3A	驻车辅助后部传感器右侧中间电路安装了错误的部件	驻车辅助控制模块确认已安装了错误类型的传感器
16	B0961 01	驻车辅助后部传感器右侧拐角电路对蓄电池短路	驻车辅助控制模块已检测到传感器电路的电压高于11.5V或物体传感器未搭铁
17	B0961 06	驻车辅助后部传感器右侧拐角电路电压过低/断路	驻车辅助控制模块已检测到传感器电路的电压低于0.5V
18	B0961 08	驻车辅助后部传感器右侧拐角电路性能-信号无效	驻车辅助控制模块接收到一个无效信号
19	B0961 21	驻车辅助后部传感器右侧拐角电路周期错误	车辆行驶时,物体传感器确定物体位置无变化
20	B0961 3A	驻车辅助后部传感器右侧拐角电路安装了错误的部件	驻车辅助控制模块确认已安装了错误类型的传感器

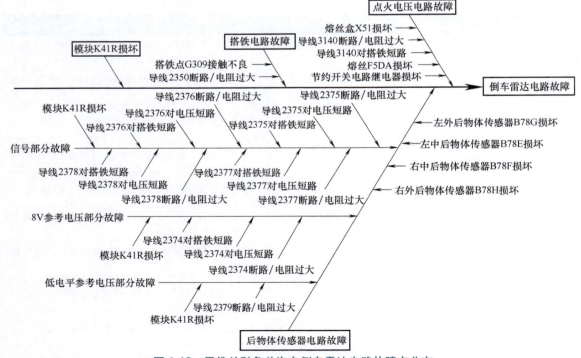

图6-15 雪佛兰科鲁兹汽车倒车雷达电路故障点分布

任务六 驻车辅助系统检测与维修

 制订计划

雪佛兰科鲁兹汽车倒车雷达电路检修计划如图 6-16 所示。

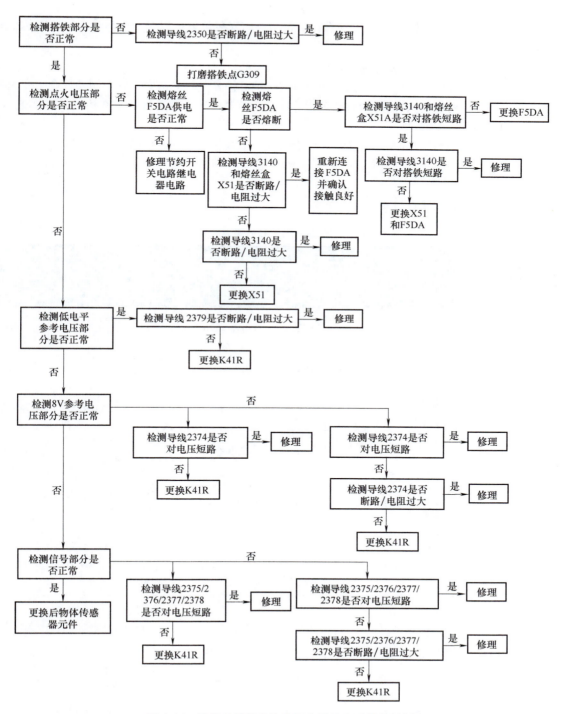

图 6-16 雪佛兰科鲁兹汽车倒车雷达电路检修计划

一、安装车辆防护装置

1）安装车轮挡块（或三角木）。注意：车轮挡块的安装位置可以是两个后轮，也可以是呈对角关系的前后轮。

2）安装尾气排放系统，并接通尾气排放系统的电源。

3）取车钥匙，解锁车辆，开车门，安装车内防护五件套（转向盘套、驻车制动杆套、变速杆手柄套、座椅套、地板垫），同时检查驻车制动杆处于拉紧位置，变速杆处于空档（手动变速器）或 P 位（自动变速器）位置。

4）打开发动机舱盖，安装车外防护三件套（左、右翼子板布和前格栅布）。

二、倒车雷达电路检测

倒车雷达电路各故障点检测方法见表 6-2。

表 6-2 倒车雷达电路各故障点检测方法

序号	检测内容	K41R 插接器	后倒车雷达插接器	点火开关位置	检测设备/功能或档位	检测位置	正常值
1	搭铁部分是否正常	断开	—	OFF	万用表/200Ω	导线 2350（K41R 端）—搭铁	<10Ω
2	导线 2350 是否断路/电阻过大	断开	—	OFF	万用表/200Ω	导线 2350 端对端（断开 G309 线束）	<2Ω
3	点火电压部分是否正常	断开	—	ON	测电笔	导线 3140（K41R 端）	发光正常
4	熔丝 F5DA 供电是否正常	—	—	ON	测电笔	X51 内 F5DA 连接端口（电源端）—搭铁	发光正常
5	导线 3140 和熔丝盒 X51A 是否对搭铁短路	断开	—	OFF	万用表/200kΩ	X51 内 F5DA 连接端口（负载端）—搭铁	无穷大
6	导线 3140 和熔丝盒 X51A 是否断路/电阻过大	断开	—	OFF	万用表/200Ω	X51 内 F5DA 连接端口（负载端）—导线 3140（K41R 端）	<2Ω
7	导线 3140 是否对搭铁短路	断开	—	OFF	万用表/200MΩ	导线 3140（K41R 端）—搭铁（注：断开熔丝盒 X51 插头）	无穷大
8	导线 3140 是否断路/电阻过大	断开	—	OFF	万用表/200Ω	导线 3140 两端（注：断开熔丝盒 X51 插头）	<2Ω
9	低电平参考电压部分是否正常	连接	断开	OFF	万用表/200Ω	导线 2379（KR41 端）—搭铁	<10Ω

（续）

序号	检测内容	K41R 插接器	后倒车雷达插接器	点火开关位置	检测设备/功能或档位	检测位置	正常值
10	导线 2379 是否断路/电阻过大	断开	断开	OFF	万用表/200Ω	导线 2379 两端	<2Ω
11	8V 参考电压部分是否正常	连接	断开	ON	万用表/DC—20V	导线 2734（KR41 端）—搭铁	7.5~9.5V
12	导线 2374 是否对电压短路	断开	断开	ON	万用表/DC—20V	导线 2734（KR41 端）—搭铁	<1V
13	导线 2374 是否对搭铁短路	断开	断开	OFF	万用表/200kΩ	导线 2734（KR41 端）—搭铁	无穷大
14	导线 2374 是否断路/电阻过大	断开	断开	OFF	万用表/200Ω	导线 2734 两端	<2Ω
15	信号部分是否正常	连接	断开	ON	万用表/DC—20V	导线 2375/2376/2377/2378（KR41 端）—搭铁	4.8~5.2V
16	导线 2375/2376/2377/2378 是否对电压短路	断开	断开	ON	万用表/DC—20V	导线 2375/2376/2377/2378（KR41 端）—搭铁	<1V
17	导线 2375/2376/2377/2378 是否对搭铁短路	断开	断开	OFF	万用表/200kΩ	导线 2375/2376/2377/2378（KR41 端）—搭铁	无穷大
18	导线 2375/2376/2377/2378 是否断路/电阻过大	断开	断开	OFF	万用表/200Ω	导线 2375/2376/2377/2378 两端	<2Ω

三、故障维修

1）根据故障点，进行针对性修理。
2）复检并确认故障排除。
3）检修完成后，清洁场地，完成收尾工作。

1. 检查雪佛兰科鲁兹汽车倒车雷达系统修理是否完成的方法

将点火开关置于"ON（打开）"位置，使用故障诊断仪确认不存在驻车辅助系统相关故障码，在点火开关置于"ON（打开）"位置时，变速器挂入倒档，确认故障诊断仪"驻车辅助系统状态"参数显示为"启用"，否则为系统不正常。

2. 驻车辅助系统电路检修过程中的注意事项

1）断开 BCM 线束插接器前，应将点火开关置于"OFF"位置，断开蓄电池负极电缆，并静置车辆不少于 2min。
2）断开其他线束插接器前，应先将点火开关置于"OFF"位置。
3）拔插熔丝时，应注意感受其接触是否良好。

知识拓展

当前，在汽车上广泛应用的倒车雷达传感器为压电晶体超声波传感器，其内部结构如图6-17所示。压电晶体超声波传感器有两个压电晶体和一个共振盘，当它的两电极外加脉冲信号频率等于压电晶片固有振荡频率时，压电晶片就会产生共振，并带动共振盘振动，而产生超声波。反之，如果两电极没有外加电压，当共振盘收到超声波时，就会压迫压电晶体片振动，将机械能转换为电信号，这时它就成为超声波接收器了。因此，超声波传感器既可作为发射器，也能作为接收器。

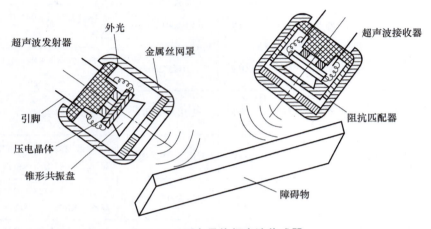

图6-17 压电晶体超声波传感器

超声波测距的原理就是利用超声波发射器向某一方向发射超声波，在发射的同时开始计时，超声波在空气中传播，途中碰到障碍物就立即返回。超声波接收器接到反射波立即停止计时，协助控制器根据计时器记录的时间就可以计划出发射点距障碍物的距离。

1. 考核要求

1）能正确安装车辆防护装置。
2）能正确读取并记录故障码。
3）能准确分析驻车辅助系统的故障原因。
4）能正确使用工具、量具。
5）排除故障过程合理。

2. 配分与评分标准

配分与评分标准见表6-3。

表6-3 配分与评分标准

序号	作业项目	考核要求	配分	评分标准	考核记录	扣分	得分
1	劳动用品穿戴	劳动用品穿戴齐全	2	穿戴不全不得分			
2	正确选用工具、量具、材料	选用工具、量具、材料齐全准确	5	缺一件扣1分，选错一件扣1分，扣完为止			

(续)

序号	作业项目	考核要求	配分	评分标准	考核记录	扣分	得分
3	根据故障现象，分析故障原因	运用正确方法确认故障，分析产生故障的原因，说出至少三种主要故障原因	25	故障确认不准确扣5～10分，分析原因不相关扣4～15分，每少说1项扣5分，扣完为止			
4	诊断故障	用正确的方法诊断故障	30	诊断方法错误扣5～10分，诊断步骤每错一步扣5～10分，诊断结果错误不得分			
5	排除故障	运用正确方法排除故障	20	不能排除扣10分			
				自制一处故障扣5分			
6	验证排除效果	按照要求验证排除效果	5	验证方法不当扣1～5分，不进行验证扣5分			
7	正确使用工具、用具	工具、用具使用正确	5	一种工具、用具使用不正确扣1分，扣完为止			
				损坏、丢失一件工具、用具不得分			
8	操作规程	操作规程执行情况	5	违反操作规程不得分			
9	清理现场	清理、擦洗并回收工具、用具	3	少收一件工具、用具扣1分，扣完为止			
				未回收不得分			
	合计		100				

任务七　安全气囊系统检测与维修

1. 能描述安全气囊系统的作用与类型
2. 能描述安全气囊系统的工作过程与工作要求
3. 能识别安全气囊系统各个部件并叙述各部件的作用
4. 能分析雪佛兰科鲁兹汽车安全气囊系统电路图
5. 能诊断与排除雪佛兰科鲁兹汽车安全气囊系统故障

一辆雪佛兰科鲁兹汽车在使用过程中因安全气囊故障指示灯常亮进厂维修，经初步检测后发现故障码"B0012 01　驾驶人转向盘安全气囊1级展开回路"。维修人员需要在理解安全气囊系统工作原理的基础上分析安全气囊电路图，并合理选用工具、仪器和设备，借助汽车维修手册等资料，诊断与排除该故障。

安全气囊系统的全称是辅助防护系统（Supplement Restrain System，SRS），也称为辅助乘员保护系统，主要包括座椅安全带及其收紧机构和安全气囊两部分。安全带是汽车上最有效的被动安全保护装置，安全气囊是安全带的辅助装置。当汽车发生正面碰撞和侧前方碰撞时，两者同时起作用，其保护作用十分明显。

一、安全气囊系统的作用与类型

1. 安全气囊系统的作用

汽车与汽车或汽车与障碍物之间的碰撞称为一次碰撞。在一次碰撞后，车速将急剧下降，在惯性力的作用下，驾乘人员会继续向前运动，并与车内构件发生碰撞，这种碰撞称为二次碰撞。安全气囊是一种当汽车遭到冲撞而急剧减速时能很快膨胀的缓冲垫，通常与座椅安全带配合使用，可以为乘员提供有效的防撞保护。汽车发生碰撞后，在一次碰撞和二次碰撞之间的短暂时间内，在驾乘人员与车内构件之间迅速形成一个气垫，使驾乘人员的头部与胸部压在充满气体的气囊上，利用自身的阻尼作用和背排气孔的排气节流作用来吸收人体惯性力产生的动能，从而达到保护人体的目的。统计结果表明，当汽车发生正面碰撞，由于巨大的惯性力对驾驶人所造成的伤害中，胸部以上受伤的概率达75%以上。因此，安全气囊在设计时，主要是针对驾驶人的头部和颈部而设计的，如图7-1所示。

2. 安全气囊的类型

（1）**按照碰撞类型分类** 根据碰撞类型的不同，安全气囊可分为正面防护安全气囊、侧面防护安全气囊和顶部防护安全气囊，如图7-2所示。正面防护安全气囊是目前应用最广泛的一种，而侧面防护安全气囊和顶部防护安全气囊现已逐渐普及。

（2）**按照安全气囊数目分类** 按照安全气囊数目的不同，安全气囊可分为单气囊系统（只安装在驾驶人侧）、双气囊系统（驾驶人侧和副驾驶人侧各有一个安全气囊）和多气囊系统。

图7-1 安全气囊系统的作用

（3）**按照安全气囊控制类型分类** 按照安全气囊类型的不同，安全气囊可分为机械式安全气囊和电子控制式安全气囊，现代汽车大都采用了电子控制式安全气囊。

图7-2 安全气囊的类型

二、安全气囊的工作过程

1. 安全气囊的控制原理

如图7-3所示，当汽车遭受前方一定角度的碰撞时，安装在汽车前部和安全气囊系统控制模块（SRS ECU）内部的碰撞传感器检测到汽车突然减速的信号，并将信号输入安全气囊系统ECU，用于判断汽车是否发生碰撞。当汽车遭受碰撞且减速度达到设定阈值时，安全气囊系统ECU发出控制指令，接通安全气囊组件中的点火器电路，使点火剂受热爆炸，迅速产生大量的热量，使充气剂受热分解并释放大量氮气充入安全气囊，安全气囊膨开，保护驾驶人和乘员。

2. 安全气囊的工作过程

德国博世（Bosch）公司试验研究表明：当汽车以50km/h的速度与前方障碍物碰撞时，安全气囊的动作时序如图7-4所示。

1）碰撞10ms后，安全气囊系统达到引爆极限，点火器引爆点火剂并产生大量的热量，使充气剂受热分解，驾驶人尚未动作。

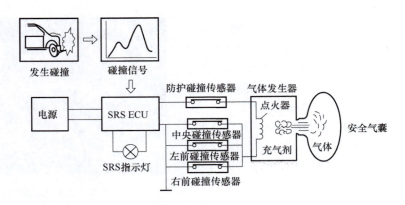

图 7-3 安全气囊系统的控制原理图

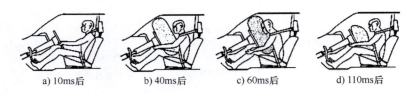

图 7-4 安全气囊的动作时序

2) 碰撞约 40ms 后,安全气囊完全充满气体,体积最大,驾驶人向前移动,安全带斜系在驾驶人身上并拉紧,部分冲击能量已被吸收。

3) 碰撞约 60ms 后,驾驶人头部及身体上部压向安全气囊,安全气囊的排气孔在气体和人体压力作用下排气节流吸收人体与安全气囊之间弹性碰撞产生的动能。

4) 碰撞约 110ms 后,大部分气体已从安全气囊逸出,驾驶人身体上部回到座椅靠背上,汽车前方恢复视野。

5) 碰撞约 120ms 后,碰撞危害解除,车速降为零。

综上所述,从开始充气到完全充满约为 30ms;从汽车遭受碰撞开始到安全气囊收缩为止,所用时间仅为 120ms 左右,而人眨一下眼皮所用的时间约为 200ms。因此,安全气囊在碰撞过程中动作时间极短,其动作状态和经历时间无法用肉眼确认。

3. 安全气囊的有效范围

安全气囊并非在所有碰撞情况下都能发挥作用。如图 7-5 所示,正面防护安全气囊只有在汽车正前方或斜前方 ±30° 范围内发生碰撞,纵向减速度达到设定阈值,且安全传感器和任意一只前碰撞传感器接通时,才能引爆安全气囊充气。在下列情况之一的情况下,正面安全气囊不会引爆充气:

1) 汽车遭受侧面碰撞超过斜前方 30° 时。

2) 汽车遭受横向碰撞时。

3) 汽车遭受后方碰撞时。

4) 汽车发生绕纵向轴线侧翻时。

5) 纵向减速度未达到设定阈值时。

6) 所有前碰撞传感器都未接通或安全气囊系统 ECU 内部的安全传感器未接通时。

7) 汽车正常行驶时、正常制动或在路面不平的道路条件下行驶时。

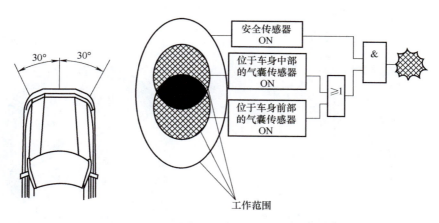

图 7-5　正面碰撞时安全气囊系统的有效范围

4. 减速度阈值的设定

减速度阈值根据安全气囊的性能设定，不同车型安全气囊系统的减速度阈值也有所不同。在美国，因为安全气囊系统是按照驾驶人不佩戴座椅安全带进行设计的，安全气囊体积大、充气时间长，汽车以较低车速（20km/h 左右）行驶而发生碰撞时，安全气囊系统就应引爆。在日本和欧洲，由于安全气囊系统按驾驶人佩戴座椅安全带设计，安全气囊体积小、充气时间短，汽车以较高车速（30km/h 左右）行驶而发生碰撞时，安全气囊系统才能引爆。

三、安全气囊系统的组成

安全气囊系统主要由传感器、控制模块、安全气囊系统故障指示灯、气囊组件和电器连接件等组成。

1. 传感器

根据功能的不同，安全气囊系统传感器可分为碰撞传感器和安全传感器；按结构的不同，安全气囊系统传感器可分为机械式、电子式和机电式三种。其作用是检测车辆碰撞时的减速度或惯性力，并将信号送至安全气囊系统ECU。碰撞传感器全称为碰撞烈度传感器，主要负责检测碰撞的激烈程度，安全气囊系统ECU根据此信号判断是否发生碰撞以及是否需要引爆安全气囊。安全传感器是安全气囊系统必不可少的部件之一，通常安装在安全气囊ECU内部，其作用是防止碰撞传感器短路而造成安全气囊误爆。安全气囊ECU根据安全传感器的信号判断是否发生了碰撞。通常安全传感器接通电路所需的减速度阈值比碰撞传感器要小一些。只有当安全传感器电路接通时，才能给安全气囊点火器供电。也就是说，只有安全传感器与任意一只碰撞传感器同时导通，安全气囊才会引爆。

（1）**机械式**　机械式传感器一般安装在保险杠与挡泥板之间，其部件封装在一个密封的防振保护盒内，结构如图7-6所示。当传感器处于静止状态时，在扭力弹簧弹力的作用下，重锤与止位块保持接触，转盘处于静止状态，动触头与静触头处于断开状态。当汽车遭受碰撞使重锤的惯性力矩大于扭力弹簧的弹力力矩时，惯性力矩就会克服弹簧力矩使转盘绕心轴转动，从而带动触桥，使动触头与静触点接触，从而使两个插头接通。

（2）**机电式**　机电式传感器的结构如图7-7所示，当汽车发生碰撞时，减速度使水银产生惯性力，惯性力在水银运动方向上的分力使水银向传感器电极移动，使两个电极接通（即电源与电雷管接通）。

（3）**电子式**　图7-8所示为电子式传感器的结构与电路原理图，悬臂架压装在半导体应变

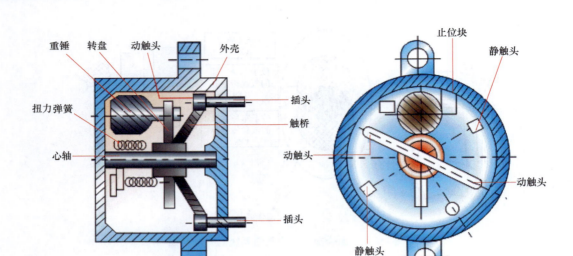

图 7-6 机械式传感器的结构

片的两端。当汽车发生碰撞时，半导体应变片在悬臂减速惯性力的作用下发生弯曲应变，受压后的电阻发生变化，电阻的变化引起动态应变仪输出电压发生变化。

2. 控制模块

控制模块是安全气囊系统的控制中枢，其主要功能是根据碰撞传感器和安全传感器发出的信号，经逻辑判断后，确定是否发生了碰撞。当判定发生了碰撞且达到一定程度时，立即输出点火指令，引爆安全气囊。除此之外，安全气囊系统控制模块还具有监控、保护、报警和自诊断功能。其主要结构如下：

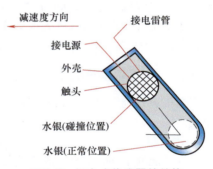

图 7-7 机电式传感器的结构

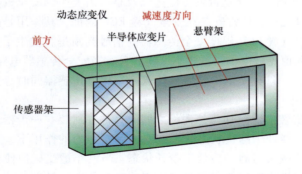

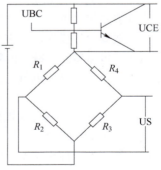

图 7-8 电子式传感器的结构与电路原理图

1) 引爆控制电路。控制安全气囊点火器点火，使安全气囊展开。

2) 备用电源电路。由电容器和变压器组成。其作用是在蓄电池由于碰撞而失效的情况下，释放电能，以提供引爆安全气囊所需的电力。

3) 安全传感器电路。感知车辆碰撞与减速度信息。

4)报警自诊断电路。检测与诊断安全气囊系统电路故障,当检测到安全气囊系统存在故障后,点亮安全气囊系统故障指示灯,以提示驾驶人。

3. 安全气囊系统故障指示灯

如图7-9所示,安全气囊系统故障指示灯位于仪表板上,用来显示安全气囊的工作状态,当接通点火开关,车辆开始自检时,安全气囊系统故障指示灯点亮6s后熄灭表示系统正常;如果常亮,则表示安全气囊系统出现故障,应进行检修。

4. 气囊组件

气囊组件是一个不可分解、一次性使用的总成,主要包括气囊、点火器和气体发生器等组件。驾驶人侧的气囊组件通过螺栓固定在转向盘中央的底板上,可随转向盘一同转动。前排乘员气囊组件则安装在其座椅正前方的仪表台上。

图7-9 安全气囊系统故障指示灯

(1)气囊 气囊通常由尼龙布制成,内表面涂有树脂层,以加强密封。气囊背面或顶部有2~4个排气孔,在人体压向气囊时排气而起到缓冲作用。其排气持续时间通常小于1s。气囊的充电时间通常为30ms,充气压力可达160kPa。

(2)点火器 点火器安装在气体发生器内部的中央位置,其结构如图7-10所示。点火器主要由引爆剂、电热丝和药筒等组成。其主要作用是:当引爆控制电路向电热丝输出引爆电流时,电热丝迅速红热而点燃引爆剂,从而使药筒内的压力和温度急剧升高,于是气体发生器内的充气剂受热分解而释放出大量氮气(N_2),并经滤网过滤和冷却后喷入安全气囊。

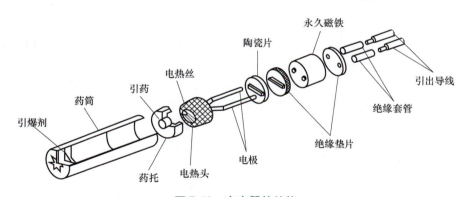

图7-10 点火器的结构

(3)气体发生器 如图7-11所示,气体发生器主要由壳体、充气剂和过滤器组成,起充气、过滤和冷却的作用。壳体一般为铝质,上面有若干个充气孔。过滤器为一个多层金属滤网,起冷却和过滤渣粒的作用。目前,充气剂多采用叠氮化钠片状合剂,通过改变其数量可调节气体发生器的充气压力。

5. 电器连接件

安全气囊系统的电器连接件包括线束、插接器和螺旋电缆,多采用黄色,以区别于其他系统。插接器多采用导电性和耐久性良好的镀金端子,并设计有防

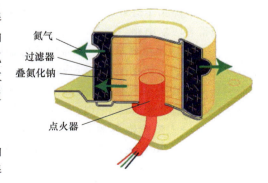

图7-11 电子式气体发生器

止误爆机构、双重锁定机构和电路连接诊断机构，如图7-12所示。由于气囊组件随着转向盘一同转动，因此为了保证点火器导线的可靠连接，普遍采用螺旋电缆的连接方式。螺旋电缆制成扁平带状绝缘线束，盘旋安装在电缆盒中，有10～15圈。其一端固定，另一端可随着转向盘转动，如图7-13所示。

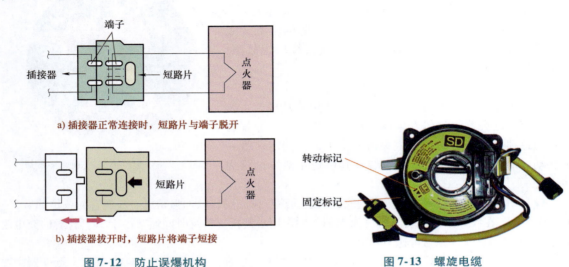

图7-12　防止误爆机构　　　　　图7-13　螺旋电缆

四、雪佛兰科鲁兹汽车安全气囊系统电路分析

1. 雪佛兰科鲁兹汽车安全气囊系统简介

雪佛兰科鲁兹汽车安全气囊称为辅助充气式约束系统，其控制模块简称为SDM。除SDM外，其主要部件有充气模块、安全带预张紧器和碰撞传感器。SDM根据碰撞传感器判断碰撞的严重程度，如果检测到冲击力足够大的碰撞时，SDM展开安全气囊并收紧安全带预张紧器。如果碰撞力不大时，SDM则指令收紧安全带预张紧器。SDM带有一个传感装置（安全传感器），可将车速的变化转换成电信号。SDM将此信号与存储器中的存储值进行比较，如果信号超过存储值，SDM根据冲击的严重程度，确定展开安全气囊和收紧安全带预张紧器，或者只展开预张紧器。SDM持续不断地监测安全气囊电路是否有故障，一旦检测到故障，就点亮安全气囊故障指示灯，以提醒驾驶人。

2. 雪佛兰科鲁兹汽车驾驶人转向盘安全气囊电路分析

图7-14所示为雪佛兰科鲁兹汽车安全气囊系统的驾驶人转向盘气囊部分电路，除供电、搭铁与安全气囊故障指示灯外，整个电路可分解为前碰撞传感器电路、转向盘安全气囊展开电路和驾驶人安全带卷收器电路。

（1）前碰撞传感器电路　前碰撞传感器电路由导线5045、导线354、SDM K36和前碰撞传感器B59元件组成，按功能可进行分解为如图7-15所示。

（2）转向盘安全气囊展开电路　转向盘安全气囊展开电路由导线3020、导线3021、SDM K36、转向盘安全气囊线圈X85和转向盘安全气囊组成，按功能可分解为如图7-16所示。

（3）驾驶人安全带卷收器预张紧器电路　驾驶人安全带卷收器电路由导线2118、导线2119、SDM K36和驾驶人安全带卷收器预张紧器元件F112D组成，按功能可进行如图7-17所示分解。

任务七　安全气囊系统检测与维修

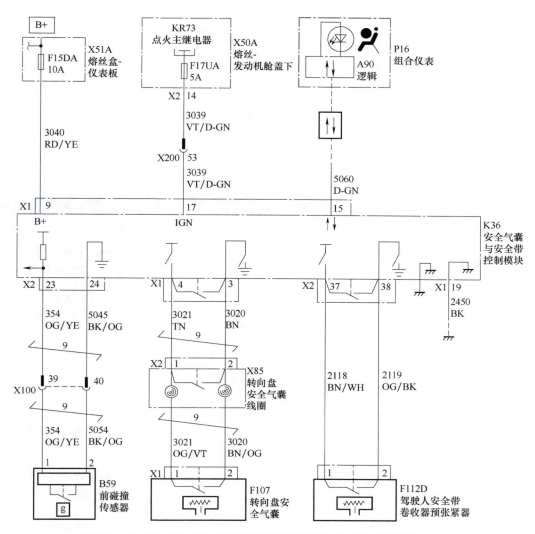

图 7-14　雪佛兰科鲁兹汽车安全气囊系统的驾驶人转向盘气囊部分电路

前碰撞传感器电路 $\begin{cases} 低电平参考电压部分 \begin{cases} 导线5045 \\ SDM（X2/24端） \end{cases} \\ 前碰撞传感器元件 B59 \\ 信号部分 \begin{cases} SDM（X2/23端） \\ 导线354 \end{cases} \end{cases}$

图 7-15　前碰撞传感器电路功能分解图

转向盘安全气囊展开电路 $\begin{cases} 控制高电平部分 \begin{cases} 导线3021 \\ SDM（X1/4端） \\ 转向盘线圈 X85 \end{cases} \\ 转向盘安全气囊元件 F107 \\ 控制低电平部分 \begin{cases} SDM（X1/3端） \\ 导线3020 \\ 转向盘线圈 X85 \end{cases} \end{cases}$

图 7-16　转向盘安全气囊展开电路功能分解图

驾驶人安全带卷收器电路 {
控制高电位部分 { 导线 2118 / SDM（X2/37 端）
驾驶人安全带卷收器预张紧器元件 F112D
控制低电位部分 { SDM（X2/38 端） / 导线 2119
}

图 7-17　驾驶人安全带卷收器电路功能分解图

3. 故障分析

（1）前碰撞传感器电路　电路故障码与设置条件见表 7-1，故障点分布如图 7-18 所示。

表 7-1　前碰撞传感器电路故障码与设置条件

序号	故障码	名　称	设置条件
1	B0091 01	中央前碰撞传感器对蓄电池短路	SDM 检测到中央前碰撞传感器对电压短路
2	B0091 02	中央前碰撞传感器对搭铁短路	SDM 检测到中央前碰撞传感器对搭铁短路或中央前碰撞传感器电流大于 23mA 并持续 5ms 以上
3	B0091 04	中央前碰撞传感器电路断路	SDM 检测到中央前碰撞传感器断路/电阻过大或 SDM 未接收到来自中央前碰撞传感器的信息并持续 375ms 以上
4	B0091 05	中央前碰撞传感器电压过高/断路	SDM 检测到中央前碰撞传感器对电压短路、SDM 检测到中央前碰撞传感器断路/电阻过大或 SDM 未接收到来自中央前碰撞传感器的信息并持续 375ms 以上
5	B0091 0C	中央前碰撞传感器电流过低	
6	B0091 39	中央前碰撞传感器内部故障	SDM 已接收到来自中央前碰撞传感器的异常（NOK）信息或 SDM 未接收到信息
7	B0091 3A	中央前碰撞传感器安装了错误的部件	SDM 从中央前碰撞传感器接收到识别号信息，但是该识别号信息与充气式约束系统感和诊断模块存储器中的识别号信息不匹配或 SDM 对中央前碰撞传感器进行了两次复位，仍未检测到正确的识别号信息
8	B0091 71	中央前碰撞传感器无效数据	SDM 接收到来自中央前碰撞传感器的无效串行数据

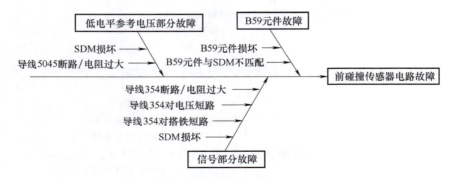

图 7-18　前碰撞传感器电路故障点分布

（2）转向盘安全气囊展开电路　电路故障码与设置条件见表 7-2，故障点分布如图 7-19 所示。

任务七　安全气囊系统检测与维修

表 7-2　驾驶人安全气囊展开电路故障码及设置条件

序号	故障码	名称	设置条件
1	B0012 01	驾驶人转向盘安全气囊 1 级展开回路对蓄电池短路	驾驶人转向盘安全气囊展开回路对电压短路持续 2s
2	B0012 02	驾驶人转向盘安全气囊 1 级展开回路对搭铁短路	驾驶人转向盘安全气囊展开回路对搭铁短路持续 2s
3	B0012 04	驾驶人转向盘安全气囊 1 级展开回路断路	驾驶人转向盘安全气囊展开回路断路持续 2s
4	B0012 0D	驾驶人转向盘安全气囊 1 级展开回路电阻过大	驾驶人转向盘安全气囊展开回路电阻大于 4.4Ω 持续 2s
5	B0012 0E	驾驶人转向盘安全气囊 1 级展开回路电阻过小	驾驶人转向盘安全气囊展开回路电阻小于 1.7Ω 持续 2s

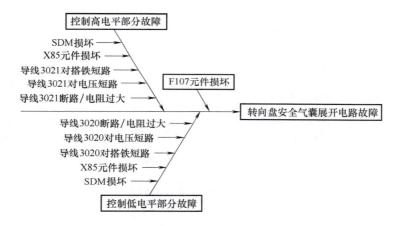

图 7-19　转向盘安全气囊展开电路故障点分布

（3）驾驶人安全带卷收器预张紧器展开电路　电路故障码与设置条件见表 7-3，故障点分布如图 7-20 所示。

表 7-3　驾驶人安全带卷收器预张紧器展开电路故障码

序号	故障码	名称	设置条件
1	B0015 01	驾驶人座椅安全带卷收器预张紧器展开回路对蓄电池短路	预张紧器控制电路对电压短路且持续 2s
2	B0015 02	驾驶人座椅安全带卷收器预张紧器展开回路对搭铁短路	预张紧器控制电路对搭铁短路且持续 2s
3	B0015 04	驾驶人座椅安全带卷收器预张紧器展开回路断路	预张紧器控制电路断路且持续 2s
4	B0015 0D	驾驶人座椅安全带卷收器预张紧器展开回路电阻过大	预张紧器展开回路的电阻大于 4.2Ω 并持续 2s
5	B0015 0E	驾驶人座椅安全带卷收器预张紧器展开回路电阻过小	预张紧器展开回路的电阻小于 1.4Ω 并持续 2s

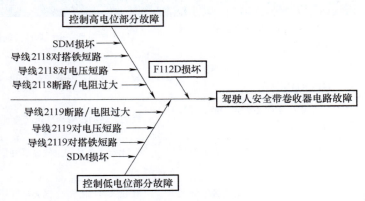

图 7-20 驾驶人安全带卷收器电路故障点分布

一、前碰撞传感器电路检修计划

前碰撞传感器电路检修计划如图 7-21 所示。

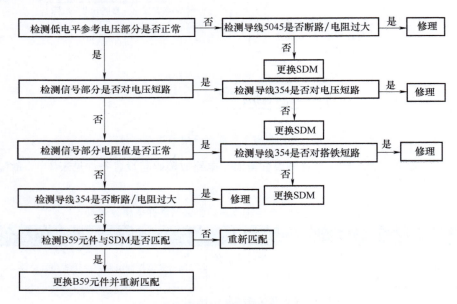

图 7-21 前碰撞传感器电路检修计划

二、转向盘安全气囊展开电路检修计划

转向盘安全气囊展开电路检修计划如图 7-22 所示。

三、驾驶人安全带卷收器预张紧器展开电路检修计划

驾驶人安全带卷收器预张紧器展开电路检修计划如图 7-23 所示。

任务七 安全气囊系统检测与维修

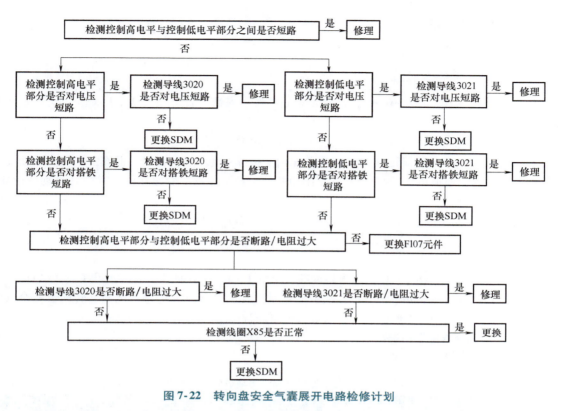

图 7-22 转向盘安全气囊展开电路检修计划

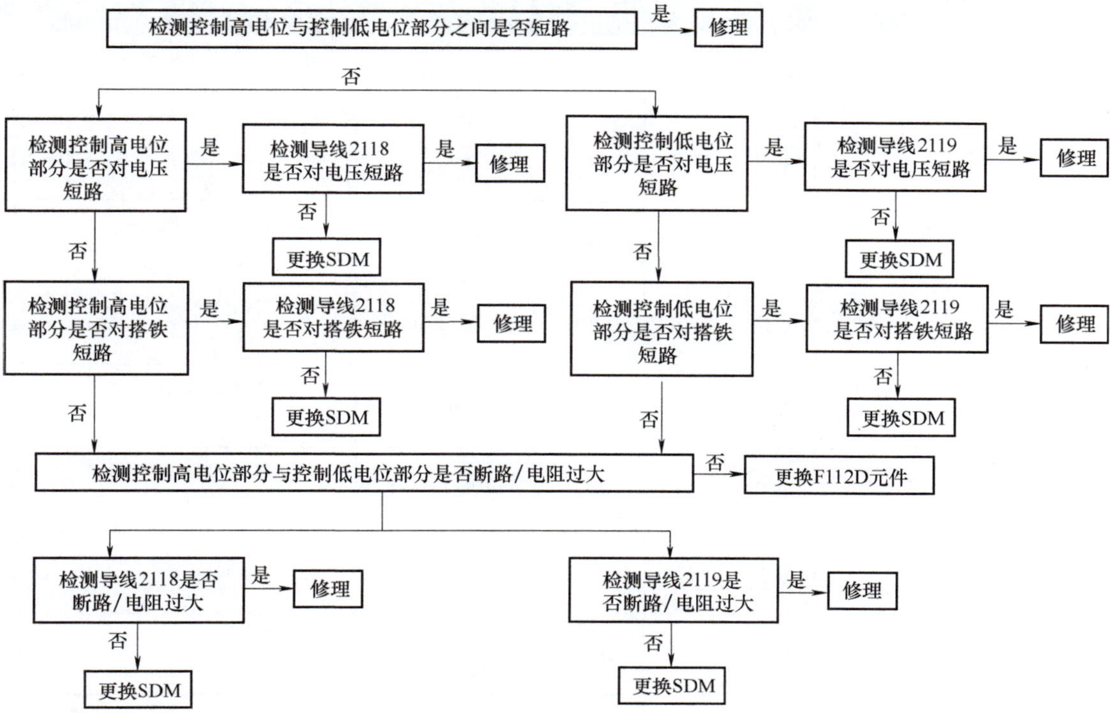

图 7-23 驾驶人安全带卷收器预张紧器展开电路检修计划

一、安装车辆防护装置

1）安装车轮挡块（或三角木）。注意：车轮挡块的安装位置可以是两个后轮，也可以是呈对角关系的前后轮。

2）安装尾气排放系统，并接通尾气排放系统的电源。

3）取车钥匙，解锁车辆，开车门，安装车内防护五件套（转向盘套、驻车制动杆套、变速杆手柄套、座椅套、地板垫），同时检查驻车制动杆处于拉紧位置，变速杆处于空档（手动变速器）或 P 位（自动变速器）位置。

4）打开发动机舱盖，安装车外防护三件套（左、右翼子板布和前格栅布）。

二、安全气囊系统检测

将点火开关置于"OFF"位置，连接诊断仪至汽车 OBD 诊断插头，将点火开关置于"ON"位置，按照流程读取故障码并记录，根据故障码提示选择中央前碰撞传感器电路、转向盘安全气囊展开电路或驾驶人安全带卷收器预张紧器展开电路进行检测。

1. 中央前碰撞传感器电路检修

电路各故障点检测方法见表 7-4。

表 7-4 中央前碰撞传感器电路故障点检测方法

序号	检测内容	SDM 插接器	B59 插接器	点火开关位置	检测设备/功能或档位	检测位置	正常值
1	低电平参考电压部分是否正常	连接	断开	OFF	万用表/200Ω	导线 5045（B59 端）—搭铁	<5Ω
2	导线 5045 是否断路/电阻过大	断开	断开	OFF	万用表/200Ω	导线 5045 两端	<2Ω
3	信号部分是否对电压短路	连接	断开	ON	万用表/DC—20V	导线 354（B59 端）—搭铁	<11V
4	信号部分是否对搭铁短路	连接	断开	OFF	万用表/200kΩ	导线 354（B59 端）—搭铁	>50kΩ
5	导线 354 是否对电压短路	断开	断开	ON	万用表/DC—20V	导线 354（B59 端）—搭铁	<1V
6	导线 354 是否对搭铁短路	断开	断开	OFF	万用表/200MΩ	导线 354（B59 端）—搭铁	无穷大
7	导线 354 是否断路/电阻过大	断开	断开	OFF	万用表/200Ω	导线 354 两端	<2Ω
8	B59 元件与 SDM 是否匹配	连接	连接	ON	故障诊断仪/读取数据流		相同

2. 转向盘安全气囊展开电路检测

电路各故障点检测方法见表 7-5。

表7-5 转向盘安全气囊展开电路检测方法

序号	检测目的	SDM插接器	B107插接器	点火开关位置	检测设备/功能或档位	检测位置	正常值
1	控制高电平与控制低电平两部分之间是否短路	连接	断开	OFF	万用表/200Ω	导线3020（B107端）—导线3021（B107端）	>25Ω
2	控制高电平部分是否对电压短路	连接	断开	ON	万用表/DC—20V	导线3020（B107端）—搭铁	<11V
3	导线3020是否对电压短路	断开	断开	ON	万用表/DC—20V	导线3020（B107端）—搭铁	<1V
4	控制低电平部分是否对电压短路	连接	断开	ON	万用表/DC—20V	导线3021（B107端）—搭铁	<11V
5	导线3021是否对电压短路	断开	断开	ON	万用表/DC—20V	导线3021（B107端）—搭铁	<1V
6	控制高电平部分是否对搭铁短路	连接	断开	OFF	万用表/200Ω	导线3020（B107端）—搭铁	>25Ω
7	导线3020是否对搭铁短路	断开	断开	OFF	万用表/200kΩ	导线3020（B107端）—搭铁	无穷大
8	控制低电平部分是否对搭铁短路	连接	断开	OFF	万用表/200Ω	导线3021（B107端）—搭铁	>25Ω
9	导线3021是否对搭铁短路	断开	断开	OFF	万用表/200MΩ	导线3021（B107端）—搭铁	无穷大
10	控制高电平部分与控制低电平部分是否断路/电阻过大	连接	断开	ON	诊断仪/数据流选项"展开回路1电阻"	带3A熔丝的导线跨接电路3020（B107端）和电路3021（B107端）	<2Ω
11	导线3020是否断路/电阻过大	断开	断开	OFF	万用表/200Ω	导线3020两端	<2Ω
12	导线3021是否断路/电阻过大	断开	断开	OFF	万用表/200Ω	导线3021两端	<2Ω
13	线圈X85是否正常	连接	断开	ON	万用表/200Ω	线圈X85端子	<2Ω

3. 驾驶人安全带卷收器预张紧器展开电路检测

电路各故障点检测方法见表7-6。

表7-6 驾驶人安全带卷收器预张紧器展开电路故障点检测方法

序号	检测目的	SDM插接器	F112D插接器	点火开关位置	检测设备/功能或档位	检测位置	正常值
1	控制高电位部分与控制低电位部分之间是否短路	连接	断开	OFF	万用表/200Ω	导线2118（F112D端）—导线2119（F112D端）	>25Ω

（续）

序号	检测目的	SDM插接器	F112D插接器	点火开关位置	检测设备/功能或档位	检测位置	正常值
2	控制高电位部分是否对电压短路	连接	断开	ON	万用表/DC—20V	导线 2118（F112D端）—搭铁	<11V
3	导线 2118 是否对电压短路	断开	断开	ON	万用表/DC—20V	导线 2118（F112D端）—搭铁	<1V
4	控制低电平部分是否对电压短路	连接	断开	ON	万用表/DC—20V	导线 2119（F112D端）—搭铁	<11V
5	导线 2119 是否对电压短路	断开	断开	ON	万用表/DC—20V	导线 2119（F112D端）—搭铁	<1V
6	控制高电位部分是否对搭铁短路	连接	断开	OFF	万用表/200Ω	导线 2118（F112D端）—搭铁	>25Ω
7	导线 2118 是否对搭铁短路	断开	断开	OFF	万用表/200kΩ	导线 2118（F112D端）—搭铁	无穷大
8	控制低电位部分是否对搭铁短路	连接	断开	OFF	万用表/200Ω	导线 2119（F112D端）—搭铁	>25Ω
9	导线 2119 是否对电压短路	断开	断开	OFF	万用表/200Ω	导线 2119（F112D端）—搭铁	无穷大
10	控制高电位部分与控制低电位部分之间是否断路/电阻过大	连接	断开	OFF	诊断仪/数据流选项"展开回路5电阻"	带3A熔丝的导线跨接导线 2118（F112D端）和导线 2119（F112D端）	<2Ω
11	导线 2118 是否断路/电阻过大	断开	断开	OFF	万用表/200Ω	导线 2118 两端	<2Ω
12	导线 2119 是否断路/电阻过大	断开	断开	OFF	万用表/200Ω	导线 2119 两端	<2Ω

三、故障维修

1）根据故障点，进行针对性修理。
2）复检并确认故障排除。
3）检修完成后，清洁场地，完成收尾工作。

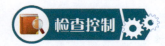

1. 检查前碰撞传感器电路是否检修完成的方法

将点火开关置于"ON"位置，摇动线束，使用故障诊断仪确认无故障码 B0091。

2. 检查转向盘安全气囊展开电路已经检修完成的方法

1）将点火开关置于"ON"位置，摇动线束，使用故障诊断仪确认无故障码 B0012。
2）观察数据流选项"展开回路1电阻"数值，并将转向盘沿一个方向转动360°，然后再沿另一个方向转回360°，数据流选项"展开回路1电阻"数值始终保持在2.1~4.0Ω范围内，且没有出现明显波动。

3. 检查驾驶人安全带卷收器预张紧器展开电路是否检修完成的方法

观察数据流选项"展开回路5电阻"数值，并将转向盘沿一个方向转动360°，然后再沿另一个方向转回360°，数据流选项"展开回路5电阻"数值始终保持在2.1～4.0Ω范围内，且没有出现明显波动。

汽车安全气囊系统与其他电子控制系统不同，在检修过程中，如果不按正确的操作顺序进行，就有可能导致安全气囊意外胀开，不仅会造成经济损失，而且可能造成严重事故，后果不堪设想。另外，在检修安全气囊系统时，如果操作有误，就有可能在需要保护时，安全气囊系统不起作用。因此，在进行检修过程中，要注意以下事项：

1）安全气囊系统强制执行故障验证确认，故障码是排除故障的重要依据。因此，在检查排除故障时，必须在拆下蓄电池负极电缆前读取并记录故障码。

2）检查工作务必在点火开关置于"OFF"位置，并将蓄电池负极电缆拆下至少3s后才能开始，这是因为安全气囊系统有备用电源供电，如果检查工作在拆下蓄电池电缆3s内进行，就有可能导致安全气囊意外引爆。

3）安全气囊系统零部件的工作可靠性要求极高，所有零部件均是一次性使用，决不要试图"修复"安全气囊系统的部件。一次性使用零部件，必须更换新件。

4）在拆卸安全气囊系统的任何零部件之前，必须先使安全气囊组件的插接器断开。

5）在检修汽车其他零部件时，如有可能对安全气囊系统的传感器产生冲击而导致意外，应在检修工作开始之前，先将安全气囊组件拆下，以防安全气囊被误引爆。

6）检修安全气囊电路或零部件时，必须使用高阻抗的数字万用表。

7）不可直接检测点火器的电阻，否则有可能导致安全气囊被引爆。

8）在前乘员侧安全气囊上面，严禁放置任何物品。

9）安全气囊组件内部没有任何可维修的零部件，因此不要分解安全气囊组件。

10）拆卸或安装安全气囊组件时，安全气囊装饰盖的面应当朝上。不得将安全气囊组件重叠堆放或在安全气囊组件上放置任何物品，以防万一安全气囊被误引爆造成事故。

11）安全气囊组件应当存放在稳定平整的平台上，并远离高温热源和磁场较强的地方。当用电焊修理汽车车身时，应在进行电焊作业之前，将安全气囊组件的插接器断开。

12）在拆卸、检查和更换安全气囊组件时，切勿将身体朝向安全气囊。

13）安全气囊控制模块应当存放在阴凉、干燥的地方。

1. 考核要求

1）能正确安装车辆防护装置。

2）能正确读取并记录故障码。

3）能准确分析安全气囊系统的故障原因。

4）能正确使用工具、量具。

5）排除安全气囊系统故障过程合理。

2. 配分与评分标准

配分与评分标准见表7-7。

表 7-7　配分与评分标准

序号	作业项目	考核要求	配分	评分标准	考核记录	扣分	得分
1	劳动用品穿戴	劳动用品穿戴齐全	2	穿戴不全不得分			
2	正确选用工具、量具、材料	选用工具、量具、材料齐全准确	5	缺一件扣1分，选错一件扣1分，扣完为止			
3	根据故障现象，分析故障原因	运用正确方法确认故障，分析产生故障的原因，说出至少三种主要故障原因	25	故障确认不准确扣5~10分，分析原因不相关扣4~15分，每少说1项扣5分，扣完为止			
4	诊断故障	用正确的方法诊断故障	30	诊断方法错误扣5~10分，诊断步骤每错一步扣5~10分，诊断结果错误不得分			
5	排除故障	运用正确方法排除故障	20	不能排除扣10分			
				自制一处故障扣5分			
6	验证排除效果	按照要求验证排除效果	5	验证方法不当扣1~5分，不进行验证扣5分			
7	正确使用工具、用具	工具、用具使用正确	5	一种工具、用具使用不正确扣1分，扣完为止			
				损坏、丢失一件工具、用具不得分			
8	操作规程	操作规程执行情况	5	违反操作规程不得分			
9	清理现场	清理、擦洗并回收工具、用具	3	少收一件工具、用具扣1分，扣完为止			
				未回收不得分			
	合计		100				

任务八 巡航控制系统检测与维修

1. 能描述巡航控制系统的控制原理
2. 能描述巡航控制系统部件的结构与作用
3. 能描述巡航控制系统的使用注意事项
4. 能检测与诊断巡航控制系统的故障

一辆雪佛兰科鲁兹汽车在行驶中发现巡航控制系统不能使用需进厂维修,使用故障诊断仪初步检测后显示故障码"B3794 08 巡航控制功能请求电路性能-信号无效",维修人员需要在充分分析雪佛兰科鲁兹汽车巡航系统工作原理的基础上,合理使用工具、仪器和设备等排除该故障。

巡航控制系统(Cruise Control System,CCS)又称为恒速行驶系统或巡行控制系统,能自动调节节气门开度,使车辆按设定的速度行驶。巡航控制系统能根据行车阻力的变化自动增减节气门开度,不仅大大减轻了驾驶人的疲劳强度,而且改善了汽车的燃料经济性和发动机的排放性能。

一、巡航控制系统的控制原理与优点

1. 巡航控制系统的控制原理

巡航控制系统的控制原理图如图 8-1 所示。驾驶人操纵巡航控制开关,将车速设定、减速、恢复、加速、取消等命令输入电子控制单元(巡航控制 ECU)。当驾驶人通过巡航控制开关输入设定命令时,巡航控制 ECU 便记忆此时车速传感器输入巡航控制 ECU 的车速,并按此车速对汽车进行等速行驶控制。汽车在巡航行驶过程中,不断通过比较电路将实际车速与设定车速进行比较,

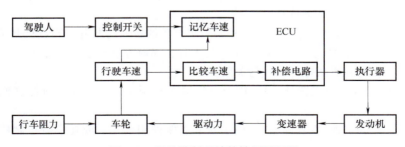

图 8-1 巡航控制系统的控制原理图

计算出实际车速与设定车速的差值，然后通过补偿电路对执行部件输出指令，执行部件控制发动机节气门开度增大或减小，使实际车速接近设定车速。

2. 巡航控制系统的优点

1）可以减轻驾驶人的疲劳程度。当汽车在高速公路上长时间行驶时，接通巡航控制开关，设定希望的车速后，驾驶人不再需要操纵加速踏板，巡航控制系统将根据汽车行驶阻力的变化，自动增大或减小节气门开度，使汽车按设定的车速等速行驶。

2）提高汽车的舒适性。由于巡航控制系统工作时，汽车等速行驶，可以改善汽车的行驶平顺性，提高汽车的舒适性。

3）提高经济性和环保性。巡航控制系统使汽车以等速行驶，使发动机的运行工况平衡，改善了汽车的燃料经济性和发动机的排放性能。

二、巡航控制系统的组成

如图8-2所示，巡航控制系统由信号输入装置、巡航控制ECU和执行器等组成。信号输入装置将信号送入巡航控制ECU，巡航控制ECU计算节气门相应的开度，并控制执行器工作。

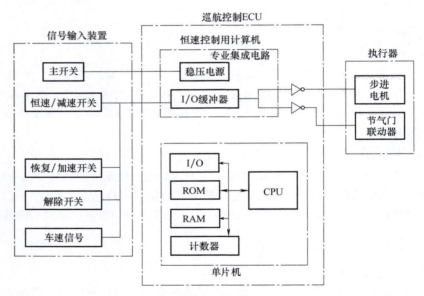

图8-2 巡航控制系统的组成

1. 信号输入装置

（1）控制开关 控制开关安装在转向信号手柄或转向盘上，驾驶人通过控制开关给巡航控制ECU输入巡航控制命令，如图8-3所示。

1）电源开关。电源开关用来控制巡航控制系统电源的接通与断开。当点火开关接通时，按下该开关，巡航控制系统电源接通；当点火开关关闭时，巡航控制开关电源也断开；当点火开关关闭后再接通时，巡航控制开关电源仍保持关闭。

2）SET/- 开关（滑行/设置开关）。用于设定巡航控制车速，或在巡航控制模式下使汽车减速滑行（降低巡航控制车速）。

3）RES/+ 开关（加速/恢复开关）。用于恢复巡航控制模式，或在巡航控制模式下使汽车加速（提高巡航控制车速）。

4）Cancel（取消）开关。用于手动解除巡航控制模式。

图8-3 雪佛兰科鲁兹汽车巡航控制系统控制开关

（2）安全开关 安全开关用来向巡航控制ECU提供解除巡航控制信号，以免巡航控制系统的工作与驾驶操作意图发生冲突，导致系统损坏或发生事故。安全开关包括取消开关、制动灯开关、驻车制动开关、离合器开关（手动变速器）和空档起动开关（自动变速器）。

1）制动灯开关。制动灯由常开和常闭两个开关组成，当踩下制动踏板时，常开开关闭合，常闭开关打开，从而接通制动灯电路并将制动信号传送至巡航控制ECU，巡航控制系统停止工作。

2）驻车制动开关。当拉起驻车制动操纵杆时，开关就接通，将取消信号传送至巡航控制ECU，同时驻车制动指示灯亮。

3）空档起动开关。对于装有自动变速器的车辆，当变速杆设置在自动变速器的P位或N位位置时，开关即接通，将取消信号传送至巡航控制ECU。

4）离合器开关。对于装有手动变速器的车辆，当踩下离合器踏板时，开关即接通，将取消信号传送至巡航控制ECU。

（3）传感器

1）车速传感器。车速传感器有电磁式、霍尔式和光电式等多种类型。车速传感器将车速信号输入巡航控制ECU，巡航控制ECU根据该信号与设定车速进行比较，以便实现等速控制。车速传感器信号可同时用于发动机控制、自动变速器控制和巡航控制等。

2）节气门位置传感器。节气门位置传感器将节气门开度信号输入巡航控制ECU，巡航控制ECU计算输出与节气门开度的关系，以确定输出量的大小，该信号可与发动机电控系统共用。

3）节气门控制摇臂传感器。节气门控制摇臂传感器向巡航控制ECU输入节气门摇臂位置信号，巡航控制ECU根据该信号对节气门进行控制。

2. 巡航控制ECU

有些汽车的巡航控制ECU是专用的，有些则与发动机控制ECU或车身控制ECU集合在一体。巡航控制ECU主要由稳压电源电路、D-A转换电路、存储电路、低速限制电路、高速限制电路、保护电路、加速控制电路和减速控制电路等组成，如图8-4所示。巡航控制ECU具有如下控制功能：

（1）记忆设定车速功能 汽车在巡航控制车速范围（40~200km/h）内行驶时，通过操纵开关设定巡航控制开关，巡航控制ECU将设定时的车速储存于巡航控制ECU存储器内，并使汽车保持这个速度行驶。

（2）匀速控制功能 巡航控制ECU将实际车速与设定车速进行比较，并根据实际车速与设定车速的差值，计算出节气门开大或关小的量，然后对执行器进行控制，保证汽车按设定车速匀速行驶。

（3）设定车速调整功能 当以巡航控制模式行驶时，如果需要使设定车速提高或降低，则只要操作恢复/加速或设定/减速开关，就可以使设定车速改变，巡航控制ECU将记忆改变后的设定

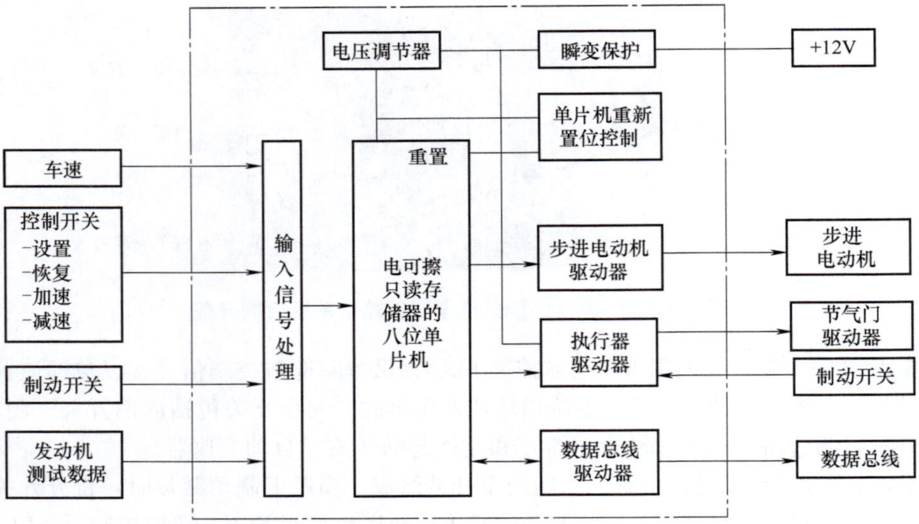

图 8-4 巡航控制 ECU 框图

车速，并按新的设定车速进行巡航行驶。

（4）取消和恢复功能　当汽车以巡航控制模式行驶时，如果接通取消开关或接通任何一个其他的安全开关，巡航控制 ECU 将控制执行器使巡航控制取消。

取消巡航控制后，要想重新按巡航控制模式行驶，只要操作恢复/加速开关，巡航控制 ECU 即可恢复原来的巡航控制行驶。

（5）车速下限控制功能　车速下限是巡航控制所能设定的最低车速。不同的车型稍有不同，一般为 40km/h。车速低于 40km/h 时，巡航车速不能被设定，巡航系统不能工作。当巡航行驶时，如果车速降至 40km/h 以下，则巡航控制将自动取消，且巡航 ECU 存储器内储存的设定车速将被取消。

（6）车速上限控制功能　车速上限是巡航控制所能设定的最高车速，一般为 200km/h。即使操作加速开关，也不能使车速超过 200km/h。

（7）汽车电磁离合器控制功能　当汽车以巡航控制模式行驶时，如果因为下坡汽车车速高于 15km/h，则巡航控制 ECU 将切断巡航控制系统的安全电磁离合器使车速降低。当车速降低至比设定车速高出不足 10km/h 时，安全电磁离合器再次接通，恢复巡航控制。

（8）自动取消功能　当汽车以巡航控制模式行驶时，若出现执行器驱动电流过大，伺服电动机始终朝节气门打开的方向旋转时，则巡航控制 ECU 存储器内存储的设定车速将被清除，巡航控制模式将被取消，巡航控制电源开关同时关闭。

（9）自动变速器控制功能　在巡航控制模式下，汽车以超速档上坡行驶，当车速降至超速档切断速度（比设定车速低 4km/h 以上）时，ECU 自动降档，以增加驱动力，防止车速进一步降低。当车速升至超速档恢复速度（比设定车速低 2km/h）时，约 6s 后巡航控制 ECU 自动恢复超速档行驶。

（10）诊断功能　巡航控制 ECU 对系统进行监控，当发生故障时，仪表板上的巡航指示灯会闪烁，以便提醒驾驶人。同时，巡航控制 ECU 将故障码存储在存储器内，使用故障诊断仪可以读取故障码。

3. 执行器

执行器将巡航控制单元输出的电流或电压信号转变为机械运动，进而控制节气门的开度，最终达到控制车速的目的。目前使用的执行器有两种类型：一种是真空驱动型，由负压操纵节气门；另一种是电动机驱动型，由电动机操纵节气门。

（1）真空驱动型执行器 真空驱动型执行器施加负压的方法有两种：一种是从发动机进气歧管施加负压；另一种是当进气歧管负压太低时，用真空泵提高负压，如图 8-5 所示。真空驱动型执行器主要由控制阀、释放阀、电磁线圈、膜片、回位弹簧和空气滤清器组成。

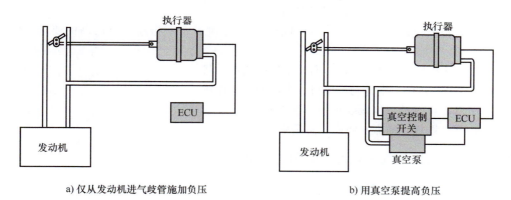

a) 仅从发动机进气歧管施加负压　　　　b) 用真空泵提高负压

图 8-5　真空驱动型执行器控制方法

（2）电动机驱动型执行器 电动机驱动型执行器由电动机、电磁离合器和电位计组成，执行器与节气门的关系如图 8-6 所示。

巡航控制 ECU 控制电动机顺时针或逆时针转动，从而改变节气门的开度。节气门已完全打开或关闭后，若电动机继续转动，则会损坏。为此，电动机安装了两个限位开关，用于控制电动机的运转。

电磁离合器用于控制电动机和节气门拉索。当巡航控制 ECU 向执行器发出控制信号时，电磁离合器接合，电动机通过拉索转动节气门。若按下任一安全开关后，巡航控制 ECU 控制电磁离合器分离，取消巡航控制。

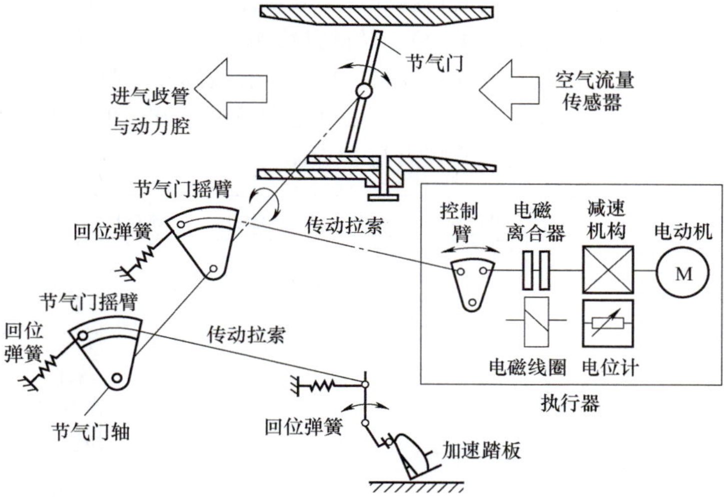

图 8-6　执行器与节气门的关系

当设定巡航车速时，电位计将节气门开度转换成电信号，送入巡航控制 ECU，ECU 根据此数据控制节气门的开度，使实际车速与设定的车速相符。

三、巡航控制系统使用注意事项

1）为了使汽车获得最佳控制，当遇到交通堵塞或在雨、冰、雪等湿滑路面上行驶或遇上大风天气时，不要使用巡航控制系统。

2）为了避免巡航控制系统误工作，在不使用巡航控制系统时，务必使巡航控制系统的控制开关处于关闭状态。

3）汽车行驶在陡坡使用巡航控制系统，会引起发动机转速变化过大，因此最好不要使用。

4）汽车巡航行驶时，对装备手动变速器的汽车应在踩下离合器踏板时将变速器置于空档，否则发动机转速会急剧升高。

5）使用巡航控制系统时要注意观察仪表板上的 CRUISE 指示灯是否闪亮，若闪亮，则表明巡航控制系统处于故障状态，应停止使用巡航控制系统。

6）ECU 是巡航控制系统的中枢，对电磁环境、湿度及机械振动等有较高的要求，使用时应注意：

① 保持汽车发电机及其电压调节器处于良好的技术状态。
② 必须保证车辆的蓄电池与发电机、车体的良好连接。
③ 保持 ECU 电源插接件接线正确、连接可靠。
④ 注意 ECU 防潮、防振、防磁、防污染。

四、雪佛兰科鲁兹汽车巡航控制系统电路分析

1. 雪佛兰科鲁兹汽车巡航控制系统电路介绍

雪佛兰科鲁兹汽车巡航控制系统主要由加速踏板位置传感器、制动踏板位置传感器、BCM K9、巡航控制开关、ECM K20、节气门执行器控制电机和车速传感器等组成。BCM 监测巡航控制开关的信号，并通过串行数据导线，将巡航控制开关状态传递到 ECM，ECM 根据该信号来确定达到和保持的车速、开启或关闭巡航系统等。同时，ECM 通过车速传感器监测车速信号电路，以确定需要执行的操作。巡航控制开关信号电路图如图 8-7 所示，整个电路主要由巡航控制开关（集成于转向盘左侧控制开关内）、转向盘线圈、BCM、组合仪表、ECM 及相关导线等组成。其中，巡航控制开关内部设计为梯型电阻，每个巡航控制开关有一个不同的电阻值，BCM 检测到与被激活的巡航控制开关相关的特定电压来判定巡航控制开关的状态。巡航控制开关信号电路功能分解图如图 8-8 所示（不含组合仪表与 ECM）。

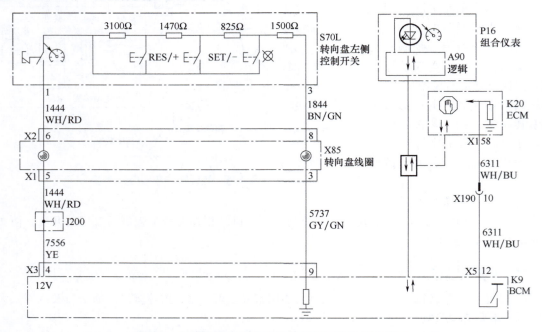

图 8-7 雪佛兰科鲁兹汽车巡航控制开关信号电路图

任务八　巡航控制系统检测与维修

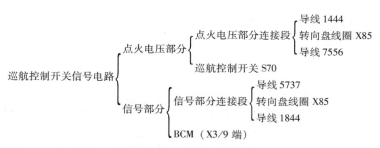

图 8-8　巡航控制开关信号电路功能分解图

2. 故障分析

巡航控制开关信号电路故障码与设置条件见表 8-1，故障点分布如图 8-9 所示。

表 8-1　巡航控制开关信号电路故障码与设置条件

序号	故障码	名称	设置条件
1	B3794 08	巡航控制功能请求电路性能—信号无效	在持续不少于 1s，BCM 检测巡航控制开关信号电路中的无效电压信号
2	B3794 61	巡航控制功能请求电路卡滞	"Resume/Accel（恢复/加速）"或"Set/Coast（设置/滑行）"按钮开关卡滞并持续 60s
3	P0564	巡航控制多功能开关电路	1) BCM 在巡航控制开关信号电路上检测到无效的电压信号持续超过 2s，然后向 ECM 发送串行数据信息。在收到信息后，ECM 设置这些故障诊断码 2) ECM 持续运行此诊断
4	P0565	巡航控制打开/关闭开关电路	
5	P0567	巡航控制恢复/加速开关 1 电路	
6	P0568	巡航控制设置/滑行开关 1 电路	
7	P056C	巡航控制取消开关电路	
8	P0580	巡航控制多功能电路电压过低	1) ECM 检测巡航控制开关信号电路中的无效电压信号 2) 上述故障持续 2s 以上 3) ECM 持续运行此诊断
9	P0581	巡航控制多功能电路电压过高	
10	P155A	巡航控制开关状态未确定	ECM 无法确定巡航控制开关状态
11	P162C	车速限制/警告开关电路	ECM 无法确定车速限制开关状态

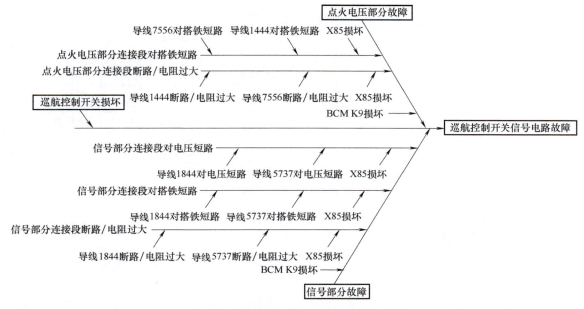

图 8-9　巡航控制开关信号电路故障点分布

巡航控制开关信号电路检修计划如图 8-10 所示。

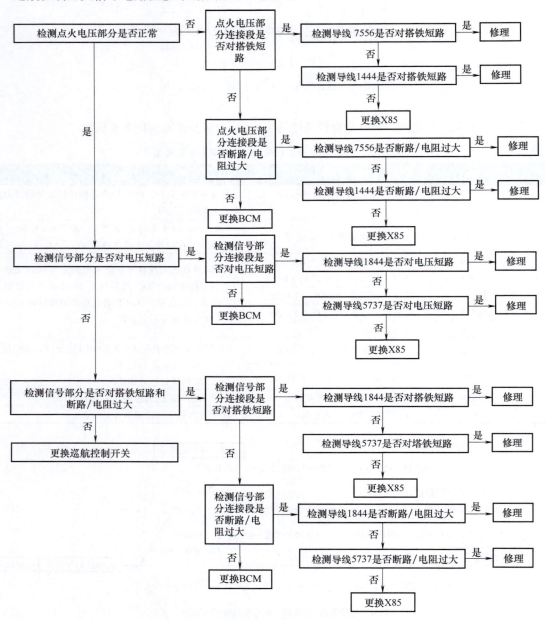

图 8-10 巡航控制开关信号电路检修计划

一、安装车辆防护装置

1）安装车轮挡块（或三角木）。注意：车轮挡块的安装位置可以是两个后轮，也可以是呈对角关系的前后轮。

2）安装尾气排放系统，并接通尾气排放系统的电源。

3）取车钥匙，解锁车辆，开车门，安装车内防护五件套（转向盘套、驻车制动杆套、变速杆手柄套、座椅套、地板垫），同时检查驻车制动杆处于拉紧位置，变速杆处于空档（手动变速器）或P位（自动变速器）位置。

4）打开发动机舱盖，安装车外防护三件套（左、右翼子板布和前格栅布）。

二、巡航控制开关信号电路检测

巡航控制开关电路各故障点检测方法见表8-2。

表8-2 巡航控制开关电路各故障点检测方法

序号	检测内容	BCM插接器	S70插接器	X85插接器	点火开关位置	检测设备/功能或档位	检测位置	正常值
1	点火电压部分是否正常	连接	断开	连接	ON	试灯	导线1444（S70L端）—搭铁	发光正常
2	点火电压部分连接段是否对搭铁短路	断开	断开	连接	OFF	万用表/200Ω	导线1444（S70L端）—搭铁	>100Ω
3	点火电压部分连接段是否断路/电阻过大	断开	断开	连接	OFF	万用表/200Ω	导线1444（S70L端）—导线7556（K9端）	<10Ω
4	导线7556是否对搭铁短路	断开	断开	—	OFF	万用表/200kΩ	导线7556（断开J200插接器，J200端）—搭铁	无穷大
5	导线7556是否断路/电阻过大	断开	断开	—	OFF	万用表/200Ω	导线7556两端（断开J200插接器）	<2Ω
6	导线1444是否对搭铁短路	断开	断开	断开	OFF	万用表/200kΩ	导线1444（S70L端）—搭铁，导线1444（断开J200插接器后，J200端）—搭铁	无穷大
7	导线1444是否断路/电阻过大	断开	断开	断开	OFF	万用表/200Ω	导线1444（S70L端）—导线1444（X85电路X2端），导线1444（X85线束X1端）—电路1444（断开J200插接器后，J200端）	<2Ω
8	信号部分是否对电压短路	连接	断开	连接	ON	诊断仪/数据流选项"ECM巡航控制开关状态"	—	关闭
9	信号部分是否对搭铁短路或断路/电阻过大	连接	断开	连接	ON	诊断仪/数据流选项"ECM巡航控制开关状态"	短接导线1844（S70L端）与导线1444（S70L端）	停用

(续)

序号	检测内容	BCM插接器	S70插接器	X85插接器	点火开关位置	检测设备/功能或档位	检测位置	正常值
10	导线1844是否对电压短路	连接	断开	断开	ON	万用表/DC—20V	导线1844（S70L端）—搭铁	<1V
11	导线1844是否对搭铁短路	断开	断开	断开	OFF	万用表/200kΩ	导线1844（S70L端）—搭铁	无穷大
12	导线1844是否断路/电阻过大	断开	断开	断开	OFF	万用表/200Ω	导线1844两端	<2Ω
13	导线5737是否对电压短路	断开	断开	断开	ON	万用表/DC—20V	导线5737（X85端）—搭铁	<1V
14	导线5737是否对搭铁短路	断开	断开	断开	OFF	万用表/200kΩ	导线5737（X85端）—搭铁	无穷大
15	导线5737是否断路/电阻过大	断开	断开	断开	OFF	万用表/200Ω	导线5737两端	<2Ω

三、故障维修

1）根据故障点，进行针对性修理。
2）复检并确认故障排除。
3）检修完成后，清洁场地，完成收尾工作。

1. 检查巡航控制开关信号电路是否检修完成的方法

将点火开关置于"OFF"位置，连接故障诊断仪至车辆，将点火开关置于"ON（打开）"位置。在巡航控制开关上的各个位置切换，观察故障诊断仪上的"ECM巡航控制开关状态"参数在"关闭""打开""恢复"和"设置"之间改变并确认其与开关位置相对应。

2. 巡航控制系统电路检修过程中的注意事项

1）断开BCM线束插接器前，应将点火开关置于"OFF"位置，断开蓄电池负极电缆，并静置车辆不少于2min。
2）断开其他线束插接器前，应先将点火开关置于"OFF"位置。
3）拔插熔丝时，应注意感受其接触是否良好。

自适应巡航系统（Adaptive Cruise Control，ACC）也可称为主动巡航系统。它将汽车自动巡航控制系统和车辆前向撞击报警系统有机地结合起来，既有自动巡航功能，又有防止前向撞击功能。自适应巡航系统主要由车距传感器（雷达）、车速传感器、转向角传感器以及控制单元等组成。车距传感器一般安装在散热器格栅内或前保险杠的内侧，它可以探测到汽车前方200m左右的距离；在前后车轮上装有车速传感器［与ABS（制动防抱死系统）共用］，可以感知车辆的行驶速度；转向角传感器用来判断车辆行驶的方向；自适应巡航系统控制单元采集各个传感器的信号并进行计算，以便可以适时地与发动机控制单元和制动防抱死控制单元交换数据。

任务八 巡航控制系统检测与维修

自适应巡航系统有四种典型的操作，如图8-11所示，当前方无行驶车辆时，汽车处于普通的巡航行驶状态，自适应巡航系统按照设定的行驶车速对汽车进行匀速控制；当前方有目标车辆，且目标车辆的行驶速度小于当前行驶速度时，自适应巡航系统将控制汽车进行减速，确保两车之间的距离为所设定的安全距离；当自适应巡航系统将汽车减速至理想的目标值之后采用跟随控制，与目标车辆相同的速度行驶；当前方的目标车辆变道或汽车变道使前方无行驶车辆时，自适应巡航系统又将汽车转为匀速行驶。一旦驾驶人参与车辆驾驶后，自适应巡航系统将自动退出对汽车的控制。

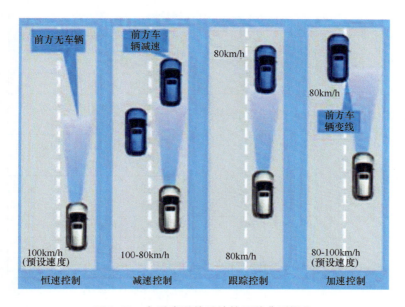

图 8-11　自适应巡航系统的四种典型操作

1. 考核要求
1）能正确安装车辆防护装置。
2）能正确读取并记录故障码。
3）能准确分析故障原因。
4）能正确使用工具、量具。
5）排除故障过程合理。

2. 配分与评分标准
配分与评分标准见表8-3。

表 8-3　配分与评分标准

序号	作业项目	考核要求	配分	评分标准	考核记录	扣分	得分
1	劳动用品穿戴	劳动用品穿戴齐全	2	穿戴不全不得分			
2	正确选用工具、量具、材料	选用工具、量具、材料齐全准确	5	缺一件扣1分，选错一件扣1分，扣完为止			

（续）

序号	作业项目	考核要求	配分	评分标准	考核记录	扣分	得分
3	根据故障现象，分析故障原因	运用正确方法确认故障，分析产生故障的原因，说出至少三种主要故障原因	25	故障确认不准确扣 5～10 分，分析原因不相关扣 4～15 分，每少说 1 项扣 5 分，扣完为止			
4	诊断故障	用正确的方法诊断故障	30	诊断方法错误扣 5～10 分，诊断步骤每错一步扣 5～10 分，诊断结果错误不得分			
5	排除故障	运用正确方法排除故障	20	不能排除扣 10 分			
				自制一处故障扣 5 分			
6	验证排除效果	按照要求验证排除效果	5	验证方法不当扣 1～5 分，不进行验证扣 5 分			
7	正确使用工具、用具	工具、用具使用正确	5	一种工具、用具使用不正确扣 1 分，扣完为止			
				损坏、丢失一件工具、用具不得分			
8	操作规程	操作规程执行情况	5	违反操作规程不得分			
9	清理现场	清理、擦洗并回收工具、用具	3	少收一件工具、用具扣 1 分，扣完为止			
				未回收不得分			
	合计		100				

任务九 音响系统检测与维修

1. 能描述汽车音响电路的类型
2. 能描述汽车音响电路的特点
3. 能解锁汽车音响防盗系统
4. 能诊断与排除雪佛兰科鲁兹汽车音响电路的故障

一辆雪佛兰科鲁兹汽车在使用过程中因左前音响不发声进厂维修，经故障诊断仪初步检测后显示故障码"DTC B1025 左前音频输出电路"。维修人员需要在充分分析雪佛兰科鲁兹汽车音响系统工作原理的基础上，合理使用工具、仪器和设备，借助汽车维修手册等资料，诊断与排除该故障。

汽车音响已成为汽车上不可缺少的配置，它具有放音、AM/FM 立体声收音、CD 播放等功能。由于汽车音响工作时间较长，工作环境恶劣（高振动、高温、灰尘多、干扰、供电不稳等），所以故障率较高。

一、汽车音响电路的类型

汽车音响由电源稳压滤波、放音机芯、前置放大电路、开关及音量调节电位器、功率放大器、收音电路、音箱及天线等构成。汽车音响从音响电路来分，可分为 I^2c 总线控制红外遥控数字调谐数字显示汽车音响、数字调谐数字显示汽车音响、数字显示汽车音响、单片机收音集成电路汽车音响和普通汽车音响。

1. 普通汽车音响

如图 9-1 所示，普通汽车音响由调频收音信号处理电路、调幅收音信号处理电路、放音均衡放大信号处理电路、音调音量平衡控制电路、音频功率放大电路和扬声器电路等组成。

2. I^2c 总线控制红外遥控数字调谐数字显示汽车音响

I^2c 总线控制红外遥控数字调谐数字显示汽车音响的收音电路由一块数字调谐式微处理器为主构成。与传统汽车音响相比，该处理器不仅具有遥控开关，遥控或本机键控各种功能，而且还具有 I^2c 总线控制电路，采用数字调谐方式来对音量调节、音量平衡调节等进行控制，使调节更方便，故障率大大下降，也彻底消除了传统机电位器调节时产生的调谐噪声，使调节更平衡可靠。

3. 数字调谐数字显示汽车音响

数字调谐数字显示汽车音响的收音电路也是由一块数字调谐式微处理器为主构成的，该集成

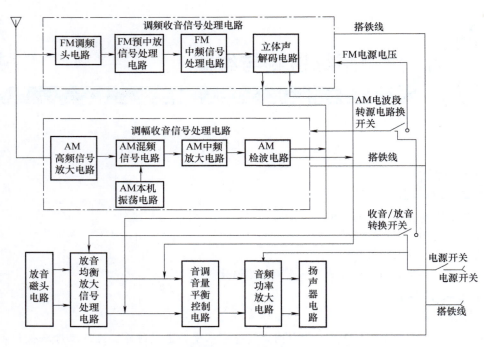

图 9-1 普通汽车音响典型原理方框图

电路既包括了数字调谐选台用的各种电路,又包含了数字显示驱动电路,可以直接驱动 LCD 显示屏显示接收电台的频率。采用电调谐式收音头,可接收 AM、FM 波段的节目。放音电路以一块双声道均衡放大集成电路为主组成。

4. 数字显示汽车音响

数字显示汽车音响的收音电路由 AM 及 FM 收音高放电路、中放电路、FM 及 FM 立体声解码集成电路为主构成。在这三部分电路中,有的机型采用一块集成电路来完成;也有的将 FM 高放电路作为一个组件(称为 FM 收音头),而另两块集成电路来完成其他两种功能;还有的将 AM、FM 收音电路分开。

二、汽车音响防盗系统

现代高档轿车音响大都设置有防盗功能,以防止音响被盗而造成损坏,如果在汽车音响外壳或后车门三角窗等处发现有 ANTI-THEFT、CODE、SECCURITY,说明该车音响具有防盗功能。通常汽车音响采用电子防盗方式,即通过音响面板上的按键给汽车音响输入一定的数据(所谓的设定密码)后来实现防盗的。当驾驶人设定密码并进入防盗状态后,音响系统在重新通电后,必须输入正确的密码后音响才能工作。

1. 要避免无意中锁住汽车音响

1)在进行维修时,若不知道音响密码,不要轻易断开蓄电池的电源线。

2)在更换蓄电池时,必须先并接一新蓄电池后再拆旧蓄电池,拆卸汽车相关部件需要断电时也必须采取一定的措施保证维修中途音响不会断电。

3)不要误拔音响熔丝。

4)锁车时应断开所有的用电器,以防止蓄电池因完成放电而导致音响被锁止(即自动锁死)。

5)需要说明的是:一般而言,音响断电后,由于其内有一只容量较大的存储电压保持电容,所以也需要一定的时间使这只大容量电容放完电后,才会使音响出现锁止。

若音响面板上的液晶显示屏上显示"CODE"或"---"等符号，则表示音响已被锁住，需要输入正确的密码进行解码后才能恢复正常使用。

2. 汽车音响密码的获取方法

当汽车音响锁死以后，就必须按照正确步骤输入正确密码后音响系统才能正常工作。如果多次输入错误，将会导致音响被永久锁止。所以，一旦汽车音响被锁，首先应找到音响的密码，然后按正确的方法输入密码。汽车音响密码的获取方法主要有以下两种：

（1）在原车上找 用户在购买新车时，要注意夹在音响使用手册中的密码卡。有些车型的密码还可以在这些地方找到：音响机壳上面某一部位、点烟器盒背面某一部位，文件箱内或其背面的某一部位，驾驶人侧车门上的某一部位，行李舱CD机机壳上的某一部位，发动机ECU的背面某一部位。

（2）用专用读码器读取 现代汽车音响防盗密码储存集成一般采用EEPROM，并以串联形式连接在电路中，其中以24C系列和93系统储存集成电路在汽车音响上应用较多。没有正确的密码是不能正常使用音响的，从而达到不会被他人非法使用的目的。如果不小心丢失了密码，就必须使用数据编程器来读出音响里面EEPROM的密码数据，加以计算，得到正确的密码。

3. 汽车音响锁上后常用的解码方法

音响解码是指音响的防盗功能将音响锁住后，使音响恢复使用功能的操作方法。

（1）已知音响密码的解码方法 在已知音响密码的情况下，输入正确的密码，即可解码。其输入方式有以下两种：

1）顺序输入。如密码为3456，则按音响面板上的3、4、5、6（通常多为选台预置按键）键就完成了。该方法适用于宝马、奥迪A6、本田等系列车型的音响。

2）逐位输入。如密码为3456，则按音响面板上的选台预置键1键3次，2键4次，3键5次，4键6次就完成了。这种方法适用于沃尔沃、绅宝、道奇等系列车型音响。

如果输入的不是正确的密码，音响将出现蜂鸣声，或液晶显示屏上出现"SAFE"字样。这时，需耐心等待1h后方可重新输入密码。

如果多次输入了错误的密码，则需要等待更长时间方可重新输入密码，甚至有可能将音响永久锁住。

（2）用通用码解码方法 在不知道本机密码的情况下，可以输入该系列音响的通用码进行解码。

1）宝马系列车型采用阿尔派音响的通用密码为62463或22222。

2）起亚系列车型音响的通用密码为12345或6263。

3）沃尔沃系列车型音响的通用密码为3111或3113。

4）本田系列车型音响的通用密码为34443。

需要说明的是：采用通用码解码的方法只能运用一次，如以前已经使用过一次，则不能再次使用。

（3）无密码的解码方法 如不知本机的密码，通用码也无法解码时，就需要用逻辑分析仪或者专用音响解码器解码。其步骤与方法如下：

1）从中央仪表台上拆出音响机身，拔下音响线束。

2）打开音响机身上盖，露出底盘的主电路板。

3）仔细检查主电路板，必要时打开机身下盖，寻找如下几种型号的集成电路：93C46、85C82、24C81A、4558等。

这些集成电路都是1kB的可擦写存储器，音响在出厂时已将密码写入了这些存储器中。这些存储器中的内容是可以调出和重新写入的。可以使用专用拆装集成电路的热风枪来焊下这些存储器，把它们插在专用插座上，用逻辑分析仪或者专用音响解码器来调出存在某些特殊地址字节的内容，即密码，也可以改动密码。最后，再用热风枪将这些存储集成电路重新焊在主电路板上，按照所调出的密码在音响面板上用数字键重新输入,就可以将音响解锁。

三、雪佛兰科鲁兹汽车音响电路故障分析

雪佛兰科鲁兹汽车音响电路如图 9-2 所示,收音机 A11 的各个音频输出声道电路(+)和(-)都有一个直流电压,该电压约是蓄电池电压的一半。扬声器通过永磁体和电磁体将电能转化为机械能,使空气波动。当收音机或放大器(如装备)将电流传送至扬声器音圈时,在系统上产生一个变化的交流电压后,电磁体通电,音圈将形成 N 极和 S 极,使音圈和扬声器锥体相对永磁体向两个方向移动从而产生声音。

1. 雪佛兰科鲁兹汽车音响电路分解(以左前车门扬声器为例)

如图 9-2 所示,左前车门扬声器电路由 A11 元件、导线 118、导线 201、扬声器 P19AG 等组成,电路分解如图 9-3 所示。

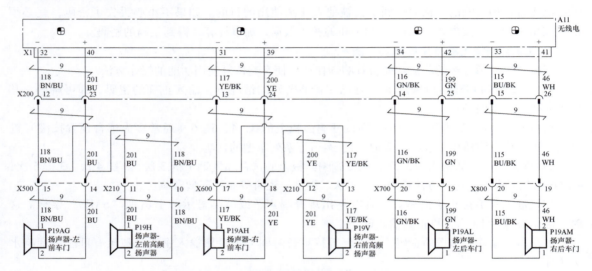

图 9-2 雪佛兰科鲁兹汽车音响电路

左前车门扬声器电路 { 信号部分1 { 导线 118 / A11(X1/32 端) / 左前车门扬声器 P19AG ; 信号部分2 { 导线 201 / A11(X1/40 端) }

图 9-3 左前车门扬声器电路功能分解图

2. 故障分析

音响电路故障码与设置条件见表 9-1,左前车门扬声器电路故障点分布如图 9-4 所示。

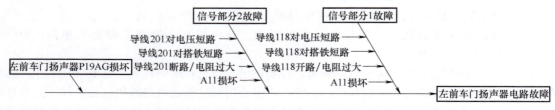

图 9-4 左前车门扬声器电路故障点分布

任务九 音响系统检测与维修

表 9-1 音响电路故障码与设置条件

序号	故障码	名称	设置条件
1	B1025 01	左前音频输出电路对蓄电池短路	收音机检测到左前音频（+）或（-）电路对电压短路
2	B1025 02	左前音频输出电路对搭铁短路	收音机检测到左前音频（+）或（-）电路对搭铁短路
3	B1025 04	左前音频输出电路断路	收音机检测到左前音频（+）或（-）电路断路
4	B1035 01	右前音频输出电路对蓄电池短路	收音机检测到右前音频（+）或（-）电路对电压短路
5	B1035 02	右前音频输出电路对搭铁短路	收音机检测到右前音频（+）或（-）电路对搭铁短路
6	B1035 04	右前音频输出电路断路	收音机检测到右前音频（+）或（-）电路断路
7	B1045 01	左后音频输出电路对蓄电池短路	收音机检测到左后音频（+）或（-）电路对电压短路
8	B1045 02	左后音频输出电路对搭铁短路	收音机检测到左后音频（+）或（-）电路对搭铁短路
9	B1045 04	左后音频输出电路断路	收音机检测到左后音频（+）或（-）电路断路
10	B1055 01	右后音频输出电路对蓄电池短路	收音机检测到右后音频（+）或（-）电路对电压短路
11	B1055 02	右后音频输出电路对搭铁短路	收音机检测到右后音频（+）或（-）电路对搭铁短路
12	B1055 04	右后音频输出电路断路	收音机检测到右后音频（+）或（-）电路断路

制订计划

左前车门扬声器电路检修计划如图 9-5 所示。

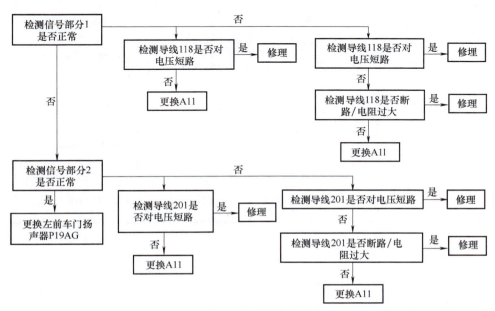

图 9-5 左前车门扬声器电路检修计划

一、安装车辆防护装置

1）安装车轮挡块（或三角木）。注意：车轮挡块的安装位置可以是两个后轮，也可以是呈对角关系的前后轮。

2）安装尾气排放系统，并接通尾气排放系统的电源。

3）取车钥匙，解锁车辆，开车门，安装车内防护五件套（转向盘套、驻车制动杆套、变速杆手柄套、座椅套、地板垫），同时检查驻车制动杆处于拉紧位置，变速杆处于空档（手动变速器）或 P 位（自动变速器）位置。

4）打开发动机舱盖，安装车外防护三件套（左、右翼子板布和前格栅布）。

二、左前车门扬声器电路检测

左前车门扬声器电路各故障点检测方法见表9-2。

表 9-2　左前车门扬声器电路各故障点检测方法

序号	检测内容	A11插接器	P19AG插接器	点火开关位置	检测设备/功能或档位	检测位置	正常值
1	信号部分1是否正常	连接	断开	ON	万用表/DC—20V	导线118（P19AG端）—搭铁	5~7V
2	导线118是否对电压短路	断开	断开	ON	万用表/DC—20V	导线118（P19AG端）—搭铁	<1V
3	导线118是否对搭铁短路	断开	断开	OFF	万用表/200kΩ	导线118（P19AG端）—搭铁	无穷大
4	导线118是否断路/电阻过大	断开	断开	OFF	万用表200/Ω	导线118两端	<2Ω
5	信号部分2是否正常	连接	断开	ON	万用表/DC—20V	导线201（P19AG端）—搭铁	5~7V
6	导线201是否对电压短路	断开	断开	ON	万用表/DC—20V	导线201（P19AG端）—搭铁	<1V
7	导线201是否对搭铁短路	断开	断开	OFF	万用表/200kΩ	导线201（P19AG端）—搭铁	无穷大
8	导线201是否断路/电阻过大	断开	断开	OFF	万用表/200Ω	导线201两端	<2Ω

三、故障维修

1）根据故障点，进行针对性修理。

2）复检并确认故障排除。

3）检修完成后，清洁场地，完成收尾工作。

1. 检查音响系统电路是否检修完成的方法

将点火开关置于"ON"位置，打开收音机，关闭静音，确认能从各扬声器听到清晰的音频，说明音响系统电路正常。调整衰减和平衡控制装置，分别测试各个扬声器，若一个或多个扬声器的音响不工作或发出的音频不清晰，说明音响电路存在故障。

2. 音响电路检修过程中的注意事项

1）断开线束插接器前，应先将点火开关置于"OFF"位置。
2）拔插熔丝时，应注意感受其接触是否良好。

汽车音响可分为普通、中级、高级和超高级 4 种类型，评价汽车音响的主要性能评价指标如下：

（1）**灵敏度**　灵敏度是指收音机接收微弱信号的能力，规定的音频输出信噪比下，产生标准功率输出所需要的最小输入信号强度。灵敏度数值越小，灵敏度越高，调谐器性能越好。

（2）**信噪比**　信噪比是指放大器输出的声音信号功率（或电压）与噪声功率（或电压）之比。信噪比越大，汽车音响性能越好。

（3）**失真度**　失真度又称为谐波失真、谐波畸变。失真度常用各谐波成分之和的有效值与原信号有效值的百分比表示。

（4）**输出功率**　标称输出功率即额定输出功率，指应该达到最低限度的不失真输出功率。

（5）**抖晃率**　放音时，磁带经过磁头时产生的不规则运动，引起放音信号频率的变化称为抖晃率。

（6）**整机频率特性**　整机频率特性是指汽车音响能够重放音频信号的频率范围及在此范围内允许的振幅偏离量。汽车音响的频率范围越宽、振幅偏离越小，则频率特性越好。

（7）**左右声道串音衰减**　左右声道串音衰减是指立体声放音设备的左、右声道信号互相串扰的程度。

（8）**带速误差**　带速误差以磁带的实际走带速度与标准走带速度之差的百分比表示。

（9）**计权**　由于人耳对声音的反应受多种因素影响，测量时若加入听觉校正电路，则称为计权。

1. 考核要求

1）能正确安装车辆防护装置。
2）能正确读取并记录故障码。
3）能准确分析音响系统的故障原因。
4）能正确使用工具、量具。
5）排除音响系统故障过程合理。

2. 配分与评分标准

配分与评分标准见表 9-3。

表 9-3　配分与评分标准

序号	作业项目	考核要求	配分	评分标准	考核记录	扣分	得分
1	劳动用品穿戴	劳动用品穿戴齐全	2	穿戴不全不得分			
2	正确选用工具、量具、材料	选用工具、量具、材料齐全准确	5	缺一件扣1分，选错一件扣1分，扣完为止			
3	根据故障现象，分析故障原因	运用正确方法确认故障，分析产生故障的原因，说出至少三种主要故障原因	25	故障确认不准确扣5~10分，分析原因不相关扣4~15分，每少说1项扣5分，扣完为止			
4	诊断故障	用正确的方法诊断故障	30	诊断方法错误扣5~10分，诊断步骤每错一步扣5~10分，诊断结果错误不得分			
5	排除故障	运用正确方法排除故障	20	不能排除扣10分			
				自制一处故障扣5分			
6	验证排除效果	按照要求验证排除效果	5	验证方法不当扣1~5分，不进行验证扣5分			
7	正确使用工具、用具	工具、用具使用正确	5	一种工具、用具使用不正确扣1分，扣完为止			
				损坏、丢失一件工具、用具不得分			
8	操作规程	操作规程执行情况	5	违反操作规程不得分			
9	清理现场	清理、擦洗并回收工具、用具	3	少收一件工具、用具扣1分，扣完为止			
				未回收不得分			
		合计	100				

任务十　车载网络系统检测与维修

1. 能描述车载网络技术的优点、布线方式与应用
2. 能描述车载网络技术的总体结构
3. 能描述 CAN 网络、LIN 网络和 MOST 网络的结构、基本特征和数据传送
4. 能检修故障诊断仪不通电的故障
5. 能检修故障诊断仪无法进入 ECM 的故障

一辆雪佛兰科鲁兹汽车因无法起动进店维修，维修人员连接故障诊断仪后，发现故障诊断仪不通电并且无法与 ECM、BCM 等高速 GLAN 装置进行通信。维修人员需要在分析车载网络电路的基础上，分析故障点，制订故障检修计划，合理使用故障诊断仪、万用表、辅助测试线等设备，找出故障点，合理采取维修措施，恢复故障诊断仪与汽车高速 GLAN 装置的通信，以进一步维修汽车。

随着汽车技术的快速发展，汽车上 ECU 的数量越来越多，传统的点到点布线方式使汽车上的导线数量成倍增加，使电气电路的故障率增加，故障查找困难，维修不便。同时，汽车电子控制装置的大量使用，越来越多的数据信息需要在不同的控制系统中共享，大量的控制信号也需要实时交换，以提高系统资源利用率和工作可靠性。为了简化电路，提高信息传输的速度和可靠性，降低故障率，车载网络技术应运而生，即一辆汽车不管有多少个 ECU，每个 ECU 都只需引出两条线共同接在两个节点上，这两条导线就称为数据总线。

一、车载网络技术概述

1. 车载网络技术的优点

汽车上采用车载网络技术的优点如下：

1）可减小线束尺寸和质量、降低成本，减少插接器数量。
2）可以进行设备之间的通信。
3）通过信息共享，减少传感器信号的重复数量。
4）通过系统软件即可实现控制系统功能的变化和升级。
5）可为诊断提供通用接口，利用多功能测试仪对数据进行测试与诊断，便于维护和故障检修。

2. 车载网络技术布线方式

车载网络技术布线方法分为常规方式布线和总线方式布线两种，如图 10-1 所示。

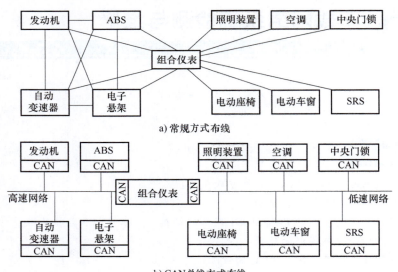

图 10-1　车载网络系统布线方法

3. 车载网络技术在汽车上的应用

车载网络技术主要用于动力与传动系统、车身系统、安全系统和信息系统，如图 10-2 所示。

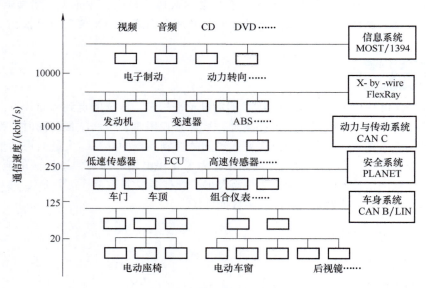

图 10-2　车载网络技术的应用等级

（1）动力与传动系统　动力与传动系统网络将发动机舱内的 ECU 连接起来，实现诸如车辆行驶、停车及转弯等功能，采用高速网络。动力 CAN 数据总线连接三个 ECU，即发动机 ECU、ABS ECU 及自动变速器 ECU，可同时传递 10 组数据（发动机 ECU 5 组、ABS ECU 3 组和自动变速器 ECU 2 组）。数据总线以 500kbit/s 的速率传递数据，每一数据组的传递大约为 0.25ms，每一 ECU 每隔 7~20ms 发送一次数据。数据传递的顺序为：ABS ECU→发动机 ECU→自动变速器 ECU。

（2）**安全系统**　由于安全气囊系统需要根据多个传感器的信息进行工作，因此使用的节点数会较多。为此要求系统成本低、通信速度快，且通信可靠性高。

（3）**车身系统**　舒适 CAN 数据总线连接五个 ECU，包括中央 ECU 及四个车门 ECU，实现中央门锁、电动车窗、照明开关、后视镜加热及自诊断五种控制功能。ECU 的各条传输线以星状形式汇聚一点，如果一个 ECU 发生故障，则其他 ECU 仍可发送各自的数据。舒适 CAN 数据以 62.5kbit/s 的速率传递数据，每一组数据传递需要约 1ms，每个 ECU 每隔 20ms 发送一次数据。传送顺序为：中央 ECU、驾驶人侧车门 ECU、前排乘客侧车门 ECU、左后车门 ECU、右后车门 ECU。

（4）**信息（娱乐）系统**　信息（娱乐）系统通信总线具有容量大、通信速度高等特点，因此采用光纤进行通信。

二、车载网络系统的总体结构

车载网络系统主要由模块、数据总线、网络、架构、通信协议和网关等组成。

1. 模块

模块是探测信号和（或）进行信号处理的电子装置，如传感器、芯片等。

2. 数据总线

数据总线是用来传输信号的导线，即信息传输的"高速公路"。数据总线的速度通常用比特率来表示。比特率是每秒千字节（kbit/s），数据总线幅宽影响传输的速度，32 位的数据传输量要比 8 位快 4 倍。高速数据总线及网络容易产生电磁干扰，这种电磁干扰会导致数据传输出错。目前常用的解决方法是使用双绞线。

3. 网络

网络是指各模块在物理上的连接关系，有星形、总线形、环形、树形、混合形和网形等，如图 10-3 所示。

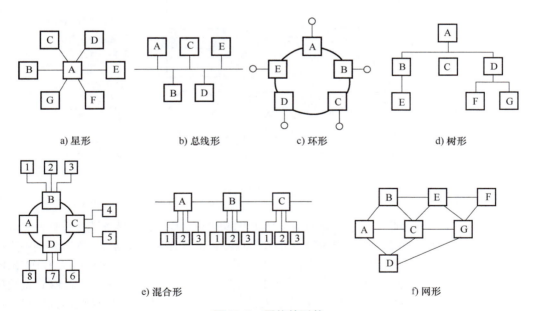

图 10-3　网络的形状

4. 架构

架构是信息高速公路的配置，其输入和输出端规定了什么信息能进和什么信息能出，架构通常包括 1~2 条线路，采用双线时数据的传输是基于两条线的电压差。当其中的 1 条传输数据时，它对地有个参考电压。数据总线及网络架构的其他重要特征包括：能一起工作的模块数量；可扩展性，无须大的改动就可增加新的模块；互交信息的种类；数据传输速度；可靠性或容错性——抗故障性及数据交换的稳定与准确性；成本。架构要有特定的通信协议。

5. 通信协议

通信协议犹如交通规则，包括"交通标志"的制定方法。通信协议的标准蕴含唤醒访问和握手。唤醒访问就是一个给模块的信号，这个模块为了节电而处于休眠状态。握手就是模块间的相互确认兼容并处在工作状态。通信协议本身取决于车辆要传输多少数据，要用多少模块；数据总线的传输速度要多快，大多数通信协议（以及使用它们的数据总线和网络）都是专用的。

6. 网关

因为汽车上所安装的 ECU 对车载网络性能的要求不同，所以车载网络往往分成不同的区域，并且不同区域网络的速率和识别代号不同。如果一个信号要从一个车载网络区域进入另一个车载网络区域，就必须把它的识别信息和速率进行改变，才能让另一个数据总线系统接受，这个任务由网关来完成。

网关是连接异型网络的接口装置，如图 10-4 所示。它综合了桥接器和路由器的功能，汽车网关主要能在 OSI 参考模型的物理层、数据链路层和应用层上对双方不同的协议进行翻译和解释。也就是说，一个网关必须具备从一个网络协议到另一个协议转换信息的能力，同时具备传输等待时间少、信息丢失或超限差错少以及能处理总线出现的差错等特性。网关的工作流程为：从第一个网络读取所接收的信息、翻译信息和向第二个网络发送信息，如图 10-5 所示。

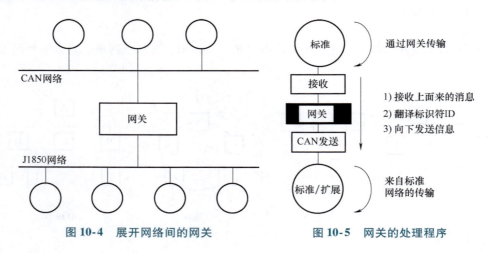

图 10-4　展开网络间的网关　　　　图 10-5　网关的处理程序

三、控制器局域网

控制器局域网（Controller Area Network，CAN）的功能是 ECU 通过网络进行数据交换，CAN 总线是德国 Bosch 公司为解决现代汽车中众多的控制与测试仪器之间的数据交换而开发的一行串行数据通信协议。CAN 总线可比作公共汽车，如图 10-6 所示，所以 CAN 总线也称为 CAN-BUS 总线，可以同时运输大量乘客。CAN 数据总线中的数据传递就像一个电话会议，一个 ECU 将数据发送到网络中，其他用户通过网络接收这个数据，对这个"感兴趣"的 ECU 就会使用该数据，而其他 ECU 则选择忽略。

1. CAN 数据总线的构成

如图 10-7 所示，CAN 总线由安装在 ECU 内部的 CAN 控制器和收发器（安装在 ECU 内部，在网络中俗称为节点）、两条数据传递线和整个系统的两个数据传输终端电阻组成。

(1) **CAN 控制器** CAN 控制器的作用是接收本 ECU 内微处理器发出的指令数据，并将数据处理后传送给 CAN 收发器。

(2) **CAN 收发器** CAN 收发器由 CAN 发送器和 CAN 接收器组成，其作用是将 CAN 控制器提供的数据转换成 CAN 网络信号发送出去，同时，它接收总线数据，并将数据传送给 CAN 控制器。

(3) **终端电阻** 终端电阻的作用是避免数据在高速传输终了时产生反射波使数据遭到破坏，导致传输失败。

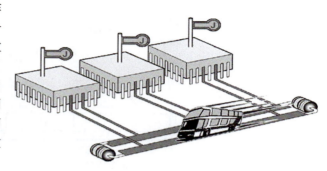

图 10-6　CAN 总线数据传输示意图

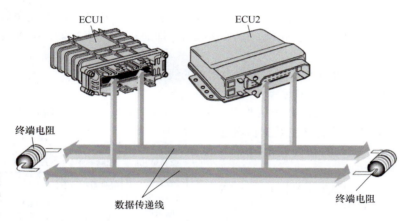

图 10-7　CAN 数据总线的基本构成

(4) **CAN 数据总线** CAN 数据总线是用来传输数据的双绞数据线，它分为高位和低位数据线。数据通过数据总线发送给各 ECU，在发送过程中，为了防止外界电磁干扰和数据传输时对外辐射，CAN 数据总线采用了两条数据线绕在一起的方式。在数据传输时两条线的电位是相反的，如一条线上的电压是 0V，另一条线上的电压是 5V，两条线上的总电压值是常值。通过这种办法，CAN 数据总线在信号传输时，信号得到了保护而免受外界电磁场的干扰，同时对外的辐射也保持了中性，即辐射等于零。低位数据线的颜色总是棕色，关于高位数据线的颜色，驱动系统为黑色，舒适系统为绿色，信息系统为紫色。

2. CAN 数据总线传递数据的构成

CAN 数据总线传递的数据由多位构成，在数据中，位数的多少由数据域的大小决定，可将分为开始域、状态域、检查域、数据域、安全域、确认域和结束域等七个部分，如图 10-8 所示。

(1) **开始域** 开始域标志着数据开始，由 1 位构成，带有大约 5V 电压（由系统决定）的 1 位被送入高位 CAN 线，带有大约 0V 电压的 1 位被送入低位 CAN 线。

(2) **状态域** 状态域用于判定数据中的优先权，由 11 位构成。如果两个 ECU 都要同时发送各自的数据，那么具有较高优先仅的 ECU 优先发送。

(3) **检查域** 检查域用来显示在数据域中所包含的信息项目数，由 6 位构成。

(4) **数据域** 传给其他 ECU 的信息，最大由 64 位构成。

(5) **安全域** 检测传递数据中的错误，由 16 位构成。

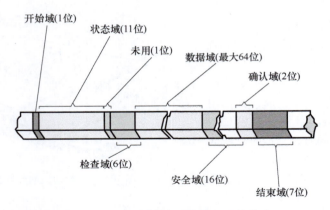

图 10-8　CAN 数据总线传递数据的构成

（6）确认域　确认域由 2 位构成。在此，CAN 接收器发出信号通知 CAN 发送器，CAN 接收器已经正确接收到数据。如果检查到错误，CAN 接收器立即通知 CAN 发送器，CAN 发送器然后再发送一次数据。

（7）结束域　结束域由 7 位构成，标志数据列的线束。

3. CAN 数据总线的数据传递过程

CAN 数据总线并没有指定的数据接收者，数据在 CAN 数据总线中传输过程中，可以被所有 ECU 接收和计算。CAN 数据总线的数据传递过程如图 10-9 所示。

（1）提供数据　ECU 的微处理器向 CAN 控制器提供需要发送的数据。

（2）发送数据　CAN 收发器接收由 CAN 控制器传过来的数据，转为 CAN 网络信号并传送到 CAN 数据总线上。

（3）接收数据　所有与 CAN 数据总线一起构成网络的 ECU 转为接收器，从 CAN 数据总线上接收数据。

（4）检查数据　ECU 检查判断所接收的数据是否所需要的数据。

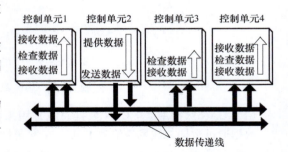

图 10-9　CAN 数据总线的数据传递过程

（5）接收数据　如所接收的数据重要，该数据将被微处理器接收并进行处理，否则，忽略接收来的数据。

4. CAN 数据总线故障诊断的步骤

1）了解该车型车载网络系统特点（包括传输介质、几种子网及车载网络系统的结构形式等），并画出车载网络系统的网络构成图。

2）了解车载网络系统的功能，如有无唤醒功能和休眠功能等。

3）检查汽车电源系统是否存在故障，如交流发动机的输出波形是否正常（若不正常，将导致信号干扰等故障）等。

4）检查车载网络系统的链路是否存在故障，采用示波器检测链路的信号波形进行判断。

5）如果是节点故障，只能采用替换法进行检测。

四、局部连接网络

局部连接网络（Local Interconnect Network，LIN）是一个汽车底层网络协议，在汽车网络层次结构中作为低端网络的通用协议,并逐渐取代目前各种各样的低端总线系统。LIN 典型的应用是车上传感器和执行器的联网。

1. LIN 数据总线的结构

如图 10-10 所示,LIN 网络由一个主节点(也称为局部连接网络指令器控制单元)和多个从节点(也称为局部连接网络执行器控制单元)构成,主节点可以执行主任务,也可以执行从任务,从节点只能执行从任务。总线上的信息传送由主节点控制。

图 10-10　LIN 数据总线系统的网络结构

在 LIN 数据总线中,主节点(局部连接网络指令器控制单元)与 CAN 数据总线相连接,它用来控制数据传输和数据传输速度,执行 LIN 数据总线系统控制单元和 CAN 数据总线之间的转发功能。从节点(局部连接网络执行器控制单元)作为 LIN 数据总线系统中每个单独的控制单元,只能在 LIN 数据总线系统内发挥作用,它通过 LIN 数据总线主节点获得任务。与主节点相连接的 LIN 数据总线系统中的从节点的故障诊断是通过主节点来进行的。

2. LIN 总线的数据传递

在 LIN 网络中,信息以帧为单位传输。每个帧包括 3 个字节的控制与安全信息以及 2 个或 4 个或 8 个字节的数据,如图 10-11 所示,每个信息帧由主节点发出和一个 13 位显性(低电平)起始域开始,之后主节点接着发送同步域和标识符域(主任务);从节点发回数据域和校验域(从任务)。受单线传输媒体电磁干扰的限制,LIN 数据总线最大位位流传输速度为 29kbit/s;另一方面,为了避免与实际系统定时溢出时间发生冲突,最小位流传输速度限定为 1kbit/s。

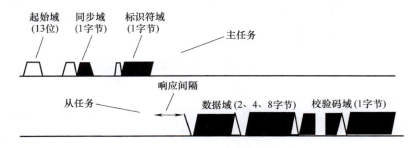

图 10-11　信息帧传送格式

在 LIN 数据总线系统中,除了主节点命名外,节点不使用任何系统结构方面的信息,这使 LIN 数据总线具有很多相关的优点。在 LIN 数据总线系统中,加入新节点时,不需要其他从节点做任何软件或硬件的改动。LIN 和 CAN 一样,传送的信息带有一个标识符,它给出的是这个信息的意义或特征,而不是这个信息传送的地址。

LIN 数据总线系统的电气性能对网络结构有很大的影响。网络节点的数量不仅受标识符长度的限制,而且受总线物理特性的限制。在 LIN 数据总线中,建议节点数不要超过 16 个,否则网络阻抗会降低,在最坏工作情况下会发生通信故障。LIN 数据总线线系统每增加一个节点使网络阻抗降低约 3%。

五、MOST 总线

MOST（Media Oriented Systems Transport，多媒体定向系统传输）是汽车上媒体传送的网络标准。MOST 采用塑料光缆（POF）的网络协议，将音响装置、电视、全球定位系统及电话等设备相互连接起来，给用户带来了极大的便利。

1. MOST 数据总线的结构

MOST 总线系统的显著特点是它的环形结构，如图 10-12 所示。各控制单元之间通过一个环形数据总线连接，该总线只向一个方向传输数据，这意味着一个控制单元总是拥有两根光纤，一根用于发射器，另一根用于接收器。控制单元通过一根光纤将数据传送至环形结构中的下一个控制单元，这个过程一直持续到数据返回至原先传送它们的那个控制单元。因此，形成了一个闭合的环路。MOST 总线系统的诊断是借助于数据总线的诊断接口和诊断 CAN 进行的。

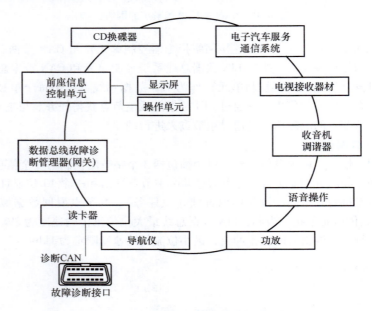

图 10-12　MOST 数据总线的环形结构

2. MOST 数据总线的基本特征

1）MOST 可以不需要额外的主控计算机系统，结构灵活、性能可靠和易于扩展。

2）MOST 以网络光纤作为物理层的传输介质，可以连接视听设备、通信设备以及信息服务设备。

3）MOST 网络支持"即插即用"方式，在网络上可以随时添加和去除设备。

4）保证低成本的条件下，达到 24.8Mbit/s 数据传输速度。

5）支持多种网络连接方式，无论是否有主控 ECU 都可以工作。

6）支持声音和压缩图像的实时处理，支持数据的同步和异步传输。

7）MOST 利用一根光纤，最多可以同时传送 15 个频道 CD 质量的非压缩音频数据，在一个局域网上，最多可以连接 64 个节点（装置）。

3. MOST 数据总线的数据传输

如图 10-13 所示，为了满足数据传输的各种不同要求，每一个 MOST 数据总线信息分为三个部分：同步数据——实时传送音频信号、视频信号等流动型数据，异步数据——传送访问网络及访问数据库等的数据包,控制数据——传送控制信号及控制整个网络的依据。

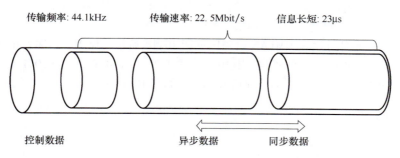

图 10-13 MOST 数据总线的信息组成

六、雪佛兰科鲁兹汽车车载网络电路分析

1. 雪佛兰科鲁兹汽车车载网络简介

雪佛兰科鲁兹汽车车载网络电路称为串行数据电路,分为 CAN 数据总线、MOST 数据总线和 LIN 数据总线三种。

(1) CAN 数据总线 雪佛兰科鲁兹汽车的 CAN 数据总线是以 BCM 为核心进行通信的,按照数据交换速度的不同可分为高速 GMLAN 和低速 GMLAN。BCM 是网关,其目的是转换 GMLAN 高速总线和 GMLAN 低速总线之间的串行数据信息,以在不同模块之间进行通信,网关按照网络传输协议与每个网络交互。

高速 GMLAN 串行数据网由双绞线组成。一个信号电路识别 GMLAN 高速信号,而另一个信号电路识别 GMLAN 低速信号。在数据总线的每端,有一个 120Ω 的终端电阻器。数据符号(1 和 0)以 500kbit/s 的速率按顺序传输。总线上传输的数据都通过 GMLAN 高速信号电压和 GMLAN 低速信号电压之间电压差来表示。当双绞总线静止时,GMLAN 高速和 GMLAN 低速信号电路无法被驱动,这表示为逻辑"1"。此状态下,两个信号电路的电压同为 2.5V,电压差约为 0V。当传输逻辑"0"时,GMLAN 高速信号电路被拉高至约 3.5V,而 GMLAN 低速信号电路被拉低至约 1.5V,电压差约为 2.0(±0.5)V。

中速 GMLAN 总线与高速 GMLAN 总线非常相似,除了其使用的是 125kbit/s 的较慢的传输速率,该总线主要用于信息娱乐系统。有时需要在低速 GMLAN 总线和中速 GMLAN 总线之间进行通信。这通常将 A11 收音机作为网关模块来实现。

低速 GMLAN 总线一般用于由驾驶人控制的功能,与那些动态车辆控制所要求的响应时间相比,这些功能的响应时间较慢。低速 GMLAN 串行数据网由一条单线、带高压侧驱动的搭铁参考总线组成。在车辆路面操作期间,数据符号(1 和 0)以 33.3kbit/s 的正常速率按顺序传输。与高速双线网络不同,单线低速网络在网络的各端不使用终端电阻器。要在总线上传输的数据符号在总线上由不同的电压信号表示。当低速 GMLAN 总线静止且未被驱动时,存在约 0.2V 的低信号电压。这表示逻辑"1"。当传输逻辑"0"时,该信号电压被驱动升高至约 4.0V 或更高。

(2) MOST 数据总线 MOST 总线以环路的形式进行配置,总线上的每个设备以设定的顺序发送和接收指定 MOST 地址上的数据。MOST 总线上的每个设备必需有双绞铜线(2 条发送 TX 线路、2 条接收 RX 线路和 1 条电子控制线路 <12V 唤醒信号线路 >)。A11 收音机是 MOST 主设备,将监测总线的车辆配置、信息娱乐数据消息和总线上的故障。

(3) LIN 数据总线 LIN 总线由一条传输速率为 10.417kbit/s 的单线组成。该模块用于交换主控制模块和其他提供支持功能的智能装置之间的信息。要传输的数据符号(1 和 0)在通信总线上由不同的电压电平表示。当 LIN 总线静止且未被驱动时，该信号处于接近电池电压的高压状态。这由逻辑"1"表示。当要传输逻辑"0"时，信号电压被拉低至搭铁（0V）。

2. 雪佛兰科鲁兹汽车高速 GMLAN 电路分析

雪佛兰科鲁兹汽车部分高速 GMLAN 电路图如图 10-14 所示，BCM、ECM、电子制动控制模块和 OBD-Ⅱ诊断插头通过 CAN 总线连接。其中，导线 2500 是高电压，导线 2051 是低电压。整个电路按功能可分解为电源部分、搭铁部分和信号部分，如图 10-15 所示。

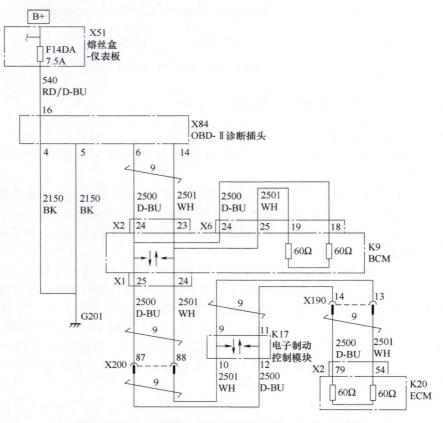

图 10-14　雪佛兰科鲁兹汽车部分高速 GMLAN 电路图

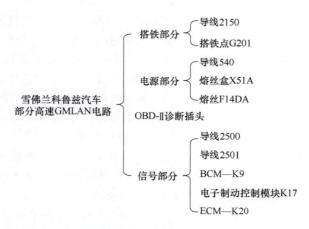

图 10-15　雪佛兰科鲁兹汽车部分高速 GMLAN 电路功能分解图

3. 雪佛兰科鲁兹汽车高速 GMLAN 电路故障分析

故障诊断仪不通电故障点分布图如图 10-16 所示，故障诊断仪无法与高速 GMLAN 装置故障点分布图如图 10-17 所示。

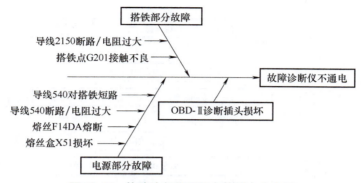

图 10-16　故障诊断仪不通电故障点分布图

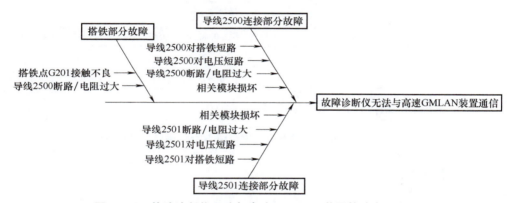

图 10-17　故障诊断仪无法与高速 GMLAN 装置故障点分布图

一、故障诊断仪不通电故障检修计划

故障诊断仪不通电故障检修计划如图 10-18 所示。

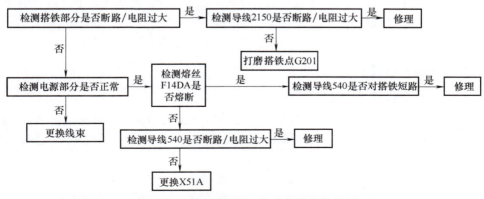

图 10-18　故障诊断仪不通电故障检修计划

二、故障诊断仪无法与高速 GMLAN 装置通信故障检修计划

故障诊断仪无法与高速 GMLAN 装置通信故障检修计划如图 10-19 所示。

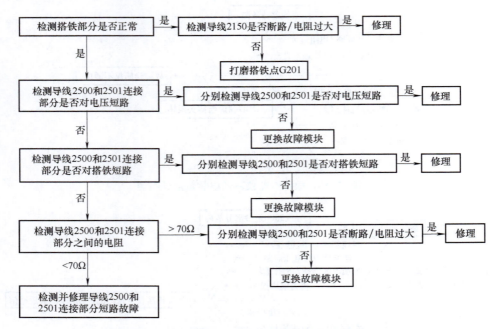

图 10-19　故障诊断仪无法与高速 GMLAN 装置通信故障检修计划

一、安装车辆防护装置

1）安装车轮挡块（或三角木）。注意：车轮挡块的安装位置可以是两个后轮，也可以是呈对角关系的前后轮。

2）安装尾气排放系统，并接通尾气排放系统的电源。

3）取车钥匙，解锁车辆，开车门，安装车内防护五件套（转向盘套、驻车制动杆套、变速杆手柄套、座椅套、地板垫），同时检查驻车制动杆处于拉紧位置，变速杆处于空档（手动变速器）或 P 位（自动变速器）位置。

4）打开发动机舱盖，安装车外防护三件套（左、右翼子板布和前格栅布）。

二、车载网络系统检测

1. 故障诊断仪不通电故障检修

将点火开关置于"OFF（关闭）"位置，停用所有车辆系统（断开故障诊断仪），使所有钥匙距离车辆至少 3m，静置车辆不少于 2min 后开始检测。故障诊断仪不通电各故障点检测方法见表 10-1。

2. 故障诊断仪无法与高速 GMLAN 装置通信故障检修

1）将点火开关置于"OFF（关闭）"位置，停用所有车辆系统，断开所有的检修设备，所有的钥匙距离车辆至少 3m，静置车辆系统不少于 2min。

表 10-1 故障诊断仪不通电各故障点检测方法

序号	检测内容	搭铁点 G201	X51A 插接器	点火开关位置	检测设备/功能或档位	检测位置	正常值
1	搭铁部分是否正常	连接	—	OFF	万用表/200Ω	导线 2150（X84 端）—搭铁	<10Ω
2	导线 2150 是否断路/电阻过大	断开	—	OFF	万用表/200Ω	导线 2150 两端	<2Ω
3	电源部分是否正常	—	连接		试灯	导线 2150（X84 端）—搭铁	正常发光
4	熔丝 F14DA 是否熔断	—	—		万用表/200Ω	熔丝 F14DA 两端	<2Ω
5	导线 540 是否对搭铁短路	—	断开	OFF	万用表/200MΩ	导线 540（X84 端）—搭铁	无穷大
6	导线 540 是否断路/电阻过大	—	断开	OFF	万用表/200Ω	导线 354 两端	<2Ω

2）测量并确认导线 2150（X84 端）和搭铁之间的电阻小于 10Ω。如果电阻大于 10Ω，则断开搭铁点 G201 连接线束，测量电路 2150 两端电阻。若电阻不小于 2Ω，则修理导线 2150 断路/电阻过大故障；若电阻小于 2Ω，则打磨搭铁点 G201。

3）将点火开关置于"ON（打开）"位置，分别测量并确认导线 2500（X84 端）和 2501（X84 端）和搭铁之间的电压低于 4.5V。如果电压不低于 4.5V，则将点火开关置于"OFF（关闭）"位置，在断开连接在高速 GMLAN 串行数据线的其中一个模块的线束插接器后，将点火开关置于"ON（打开）"位置，重新测量导线 2500 和 2501 和搭铁之间的电压。若电压不高于 4.5V，则将点火开关置于"OFF（关闭）"位置，测量断开装置连接电路中与搭铁相连的电路端子和搭铁之间的电阻，倘若电阻值不小于 10Ω，则修理电路中的断路/电阻过大故障；倘若电阻值小于 10Ω，则更换断开的模块。若电压不低于 4.5V，则逐个断开连接在高速 GMLAN 串行数据线的另一个模块的线束插接器后，重复上述检测，直至找到引起导线 2500（X84 端）和 2501（X84 端）和搭铁之间的电压大于 4.5V 的故障点为止。

4）将点火开关置于"OFF（关闭）"位置，停用所有车辆系统，断开所有的检修设备，所有的钥匙距离车辆至少 3m，静置车辆系统不少于 2min。分别测量并确认导线 2500（X84 端）和 2501（X84 端）和搭铁之间的电阻大于 100Ω。如果电阻不大于 100Ω，在断开连接在高速 GMLAN 串行数据线其中一个模块的线束插接器后，重新测量导线 2500 和 2501 和搭铁之间的电阻。若电阻等于或大于 100Ω，则更换断开的模块。若电阻小于 100Ω，则继续断开连接在高速 GMLAN 串行数据线另一个模块的线束插接器后，重复上述检测，直至找到引起导线 2500（X84 端）和 2501（X84 端）和搭铁之间的电阻大于 100Ω 的故障点为止。

5）测量导线 2500（X84 端）和 2501（X84 端）之间的电阻。

6）如果电阻值小于 35Ω，则在断开连接在高速 GMLAN 串行数据线的其中一个模块的线束插接器后，分别测量导线 2500 和 2501 断开端与 X84 的电阻。如果电阻等于或大于 110Ω，则更换断开的模块。如果电阻小于 110Ω，则逐一断开连接在高速 GMLAN 串行数据线其他模块的线束插接器，继续分别测量导线 2500 和 2501 的电阻，直至找到短路故障点。

7）如果电阻值为大于 70Ω 的某一数值，则在断开连接在高速 GMLAN 串行数据线其中一个模块的线束插接器后，分别测量导线 2500 和 2501 断开端与 X84 的电阻。如果电阻等于或大于 130Ω，则更换断开的模块。如果电阻小于 130Ω，则逐一断开连接在高速 GMLAN 串行数据线其他模块的线束插接器，继续分别测量导线 2500 和 2501 的电阻，直至找到短路故障点。

8）如果电阻值为无穷大，则修理 X84 线束插接器和第一个模块线束插接器之间的断路/电阻过大故障。

三、故障维修

1）根据故障点，进行针对性修理。
2）复检并确认故障排除。
3）检修完成后，清洁场地，完成收尾工作。

1. 检查车载网络系统是否检修完成的方法

1）在车上查找到 OBD-Ⅱ 插头的位置，其外形如图 10-20 所示。将点火开关置于"OFF"位置，分别测量 OBD-Ⅱ 插头端子 4 和端子 5 对搭铁电阻，应小于 10Ω。

2）将点火开关置于"ON"位置，使用试灯连接 OBD-Ⅱ 插头端子 16 与搭铁，试灯应正常发光。

3）将点火开关置于"OFF"位置，连接故障诊断仪至 OBD-Ⅱ 插头，将点火开关置于"ON"位置，诊断仪应能正常开机，并能进入各个模块实施读取故障码、读取数据流、做动作测试等操作。

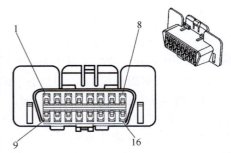

图 10-20　OBD-Ⅱ 插头的外形

2. 车载网络系统电路检修过程中的注意事项

1）断开各控制模块线束插接器前，应将点火开关置于"OFF"位置，断开蓄电池负极电缆，并静置车辆不少于 2min。

2）断开其他线束插接器前，应先将点火开关置于"OFF"位置。

3）拔插熔丝时，应注意感受其接触是否良好。

车载网络标准形式多样，侧重的功能各有不同。美国机动车工程师学会（SAE）按照系统的信息量、响应速度和可靠性等要求将车载网络系统分为 A 类、B 类、C 类和 D 类。A 类车载网络不单独使用，而是与 B 类车载网络结合使用。满足 C 类车载网络要求的汽车控制器局域网只有 CAN 协议。每类车载网络的功能均向下涵盖，即 B 类车载网络支持 A 类车载网络的功能，C 类车载网络能同时实现 B 类车载网络和 A 类车载网络的功能。

1）A 类总线协议标准。A 类总线协议标准面向传感器和执行器控制的低速网络，数据传输速率通常只有 1~10kbit/s。该网络协议种类主要有 LIN、UART、CCP 等，适用于对实时性要求不高的场合，主要应用于车身控制，如电动车窗、中央门锁、后视镜、座椅调节、灯光照明及早期的汽车故障诊断等。A 类车载网络目前首选的标准是 LIN 总线。

2）B 类总线协议标准。B 类总线协议标准是面向独立 ECU 之间数据共享的中速网络，数据传输速率一般为 10~100kbit/s。该网络协议主要应用于车辆电子信息中心、故障诊断、仪表显示、SRS 等，以减少冗余的传感器和其他电子部件。其种类主要有 ISO11898-1、SAEJ2284、VAN、SAEJ1850（OBD-Ⅱ）等。B 类车载网络的国际标准是 CAN 总线。

3）C 类总线协议标准。C 类总线协议标准面向高速、实时闭环控制的多路传输，最高数据传输速率可达 1Mbit/s，主要用于发动机控制、ABS 控制、牵引控制和悬架控制等。该网络协议的种类主要有 ISO11898-1（高速 CAN）、TTP/C、FlexRay 等。

4）D 类总线协议标准。D 类车载网络称为智能数据总线（IDB），主要面向信息、多媒体系统等，采用 D2B、MOST 光纤传输和 IDB-Wireless 无线通信技术，通信速率为 250kbit/s～400Mbit/s，用于实时的音频和视频通信。

1. 考核要求

1) 能正确安装车辆防护装置。
2) 能正确读取并记录故障码。
3) 能准确分析车载网络系统的故障原因。
4) 能正确使用工具、量具。
5) 排除车载网络系统的故障过程合理。

2. 配分与评分标准

配分与评分标准见表 10-2。

表 10-2 配分与评分标准

序号	作业项目	考核要求	配分	评分标准	考核记录	扣分	得分
1	劳动用品穿戴	劳动用品穿戴齐全	2	穿戴不全不得分			
2	正确选用工具、量具、材料	选用工具、量具、材料齐全准确	5	缺一件扣 1 分，选错一件扣 1 分，扣完为止			
3	根据故障现象，分析故障原因	运用正确方法确认故障，分析产生故障的原因，说出至少三种主要故障原因	25	故障确认不准确扣 5～10 分，分析原因不相关扣 4～15 分，每少说 1 项扣 5 分，扣完为止			
4	诊断故障	用正确的方法诊断故障	30	诊断方法错误扣 5～10 分，诊断步骤每错一步扣 5～10 分，诊断结果错误不得分			
5	排除故障	运用正确方法排除故障	20	不能排除扣 10 分			
				自制一处故障扣 5 分			
6	验证排除效果	按照要求验证排除效果	5	验证方法不当扣 1～5 分，不进行验证扣 5 分			
7	正确使用工具、用具	工具、用具使用正确	5	一种工具、用具使用不正确扣 1 分，扣完为止			
				损坏、丢失一件工具、用具不得分			
8	操作规程	操作规程执行情况	5	违反操作规程不得分			
9	清理现场	清理、擦洗并回收工具、用具	3	少收一件工具、用具扣 1 分，扣完为止			
				未回收不得分			
	合计		100				

参 考 文 献

[1] 付百学. 汽车电控技术［M］. 北京：机械工业出版社，2015.
[2] 中国汽车维修行业协会. 发动机与底盘检修技术（下册）［M］. 北京：人民交通出版社，2008.
[3] 中国汽车维修行业协会. 电器维修技术［M］. 北京：人民交通出版社，2008.
[4] 殷振波. 汽车维修电工（技师）［M］. 天津：天津科学技术出版社，2017.
[5] 岑业泉. 汽车车身电控系统维修［M］. 北京：机械工业出版社，2013.